Papillon

A French course for Advanced Level students

by

Tony Whelpton

Formerly Principal Lecturer in French, Trent Polytechnic, Nottingham
Formerly Principal Oral Examiner in French, AEB,
Chief Examiner, GCSE French, SEG

and

Daphne Jenkins

Senior Moderator, A Level (Wessex) French, AEB,
Principal Examiner and Reviser, GCSE French, SEG,
Chief Examiner, French for Business, Certificate of Further Studies, AEB

Student's Book

TD PUBLICATIONS

TD Publications, 271 Gloucester Road, Cheltenham, Glos., GL51 7AA.

Printed by Ebenezer Baylis & Son Ltd., The Trinity Press, Worcester, WR5 2JH.

First published 1994

ISBN 0 9518754 6 9

British Library Cataloguing-in-Publication Data. A catalogue record for this book is available from the British Library.

Other books by Tony Whelpton and Daphne Jenkins published by TD Publications:

La bonne affaire (A post-GCSE course to introduce students to the world of business)
Causeries (A guide to your A Level French oral exam)
Métamorphose (Transition from GCSE to A-Level type work)

All of these books are accompanied by cassettes, which may be obtained direct from the publishers at the above address, as may the cassettes and the Teacher's book accompanying *Papillon*. For your convenience, an order form is printed at the back of this book. Orders may also be placed by telephone or fax: the number for both is 0242 236692.

Table des matières

Introduction

Welcome to *Papillon* ! We hope that, whether you are using it to learn from or to teach from, you will derive as much pleasure and interest from using it as we have had from preparing it. The work in each of the ten *dossiers* is based on recorded interviews we have carried out ourselves with a number of French personalities, nearly all of them distinguished in their own field, some of them famous, and one of them almost universally acclaimed as a hero in one of the twentieth century's most atrocious theatres of war.

The assumption is made that the student is already familiar with the basic structures one requires when beginning to tackle genuine Advanced Level work and has made the essential transition from the more relaxed approach to grammar and accuracy associated with GCSE to the more serious and more rigorous approach demanded by Advanced Level work. If you find that you are having to make too much of a jump in order to cope with the demands of *Papillon*, you should perhaps think about working through our book *Métamorphose* first, for that was the reason why that book was produced. *Papillon*, in fact, was conceived as a sequel to *Métamorphose*, as the name suggests, although there is no reason why it should not be used by those who have not worked through *Métamorphose* first.

In each *dossier* you will find three recorded texts, each of them being part of the interview with the person involved in that particular *dossier*. The text of the second extract is in all cases printed in the Student's Book; in one case the first extract will also be found there. Transcripts of all the others, as well as a key to all the exercises, will be found in the Teacher's Book, which is available from the publishers. Written material on a theme relevant to that of the interview is also included.

Comprehension questions in both English and French are provided, along with a variety of work intended to give practice in all the areas required at this level. Where questions are asked in French, you will sometimes find that they can be answered by lifting a phrase or two from the text: there's nothing wrong with that in the course of the learning process, as long as you are satisfied that you understand thoroughly what you are doing, and why.

Much of the work provided involves vocabulary development, and a careful examination of how structures work, as well as demanding a more extensive use of productive language skills in discussing and writing about the themes covered. It is always possible for anyone to learn more and to build on such skills as they already possess, and some of the development work aims to take the student beyond mere competence to a level which, without being over-ambitious or pretentious, is just a little more sophisticated.

In common with most other creators of Advanced Level French courses, we have not given very much specific guidance on the speaking of French, nor on the preparation required for the Advanced Level oral examination, although much of the work provided in this book not only can, but should be carried out orally before the student commits pen to paper. This is not, however, because we do not consider it important – on the contrary, as the authors of what we believe is still the only thorough and authoritative guide to the Advanced Level oral examination, *Causeries,* we feel that more practice in that field is required than can possibly be provided by a general language course such as this, and would recommend that, if you are not already using *Causeries*, you should start doing so now. Do not in any case fall into the common trap of only starting to prepare for your oral examination a few weeks before it is due; it is a very rigorous examination, and, as such, requires intensive, long-term preparation.

A word of warning is perhaps necessary with regard to the recorded interviews. None of them was scripted, and in no case did the person being interviewed know what question was coming next. As a result, you will find what always happens when a person speaks spontaneously, and especially when the question to be answered is a searching one: they hesitate, they change their mind, they forget how the sentence started and finish up with a totally different construction, they make mistakes – or sometimes, of course, they speak with an amazing fluency. This does not always make it easy for a student to follow, but it is nevertheless extremely useful, because your object in listening to these interviews should not just be instant understanding, communication at its most basic, but a means to an end, the end being a more thorough understanding of the way the language works with a view to, one day, being able to emulate it yourself.

Where mistakes, etc. have been made by the speaker in such a way that the student might be misled, we have chosen to alter the transcript given; this should account for nearly all the discrepancies which arise between what is heard on tape and what appears in print. The remainder are due to the extreme difficulty of transcribing what is, in effect, a stream of consciousness. We trust, however, that such discrepancies as do exist will be seen as opportunities to examine the usage more closely rather than as hindrances.

Finally, we would like to offer our most sincere thanks to all those who agreed to be interviewed. What they all have in common is a realisation that the future of the world lies in the hands of the young, and that without international co-operation and goodwill, coupled with a willingness to cross cultures and frontiers, even the young have no future.

TONY WHELPTON
DAPHNE JENKINS

DOSSIER 1

Yves Aubert

Yves Aubert est un comédien français, domicilié en Angleterre, dont vous avez probablement entendu la voix sans vous en rendre compte. Cela ne veut pas dire que vous reconnaîtrez sa voix maintenant, car Yves Aubert est un spécialiste de « voix » et il emploie une voix différente pour chaque rôle qu'il joue. Sa « voix » la mieux connue est sûrement celle de Jean-Paul, le chef de cuisine français du restaurant *Grey Gables* dans le feuilleton **The Archers** qu'on entend en Angleterre tous les jours à la radio.

Né à Paris d'une mère hongroise et d'un père français, acteur lui aussi, Yves Aubert a fait aussi de la télévision (il a joué dans la série **Bergerac**, par exemple), de la publicité et des enregistrements de voix, utilisés souvent pour des examens de français ou des livres scolaires.

Nous sommes allés lui parler à Londres le 6 décembre 1993. Ecoutez maintenant la cassette pour entendre ce qu'il nous a dit. Nous recommandons que vous écoutiez au moins trois fois avant de répondre aux questions qui suivent. Daphne lui a demandé pourquoi il a choisi de travailler en Angleterre.

---

bande dessinée (f) – cartoon
comédien (m) – actor
déplaisant – unpleasant
exercer – to carry out
    (e.g. a job)
fondé – based
publicité (f) – a commercial
quand même – even so
rigueur (f) – discipline
s'entendre avec – to get on
    with
se plaire – to be happy

1 What was the reason for Yves Aubert's first visit to England?
2 Why did he return to England after working in France?
3 What reasons does Yves Aubert give for admiring English actors?
4 What does he tell us about his professional studies?
5 What kind of acting work does he do most of the time?
6 What does he say has changed in the last few years?
7 Why has he no ambitions regarding classical acting?

1 Selon Yves Aubert, qu'est-ce que c'était, « Les Mortimer » ?
2 Comment sont les rapports entre Yves Aubert et ses collègues ?
3 Comment a-t-il appris son métier ?
4 Pourquoi est-ce qu'il ne fait pas de théâtre ?
5 Quelle sorte de publicités ne fait-il plus ?
6 Pourquoi Yves Aubert se contente-t-il de jouer des rôles stéréotypés ?

Etudes linguistiques – 1

A. Regardez ces mots :

| travail | travailler | travailleur |

Voyez-vous qu'ils appartiennent tous à la même famille ? A côté du nom *travail* on trouve le verbe *travailler* et l'adjectif *travailleur*. Cherchez dans votre dictionnaire pour trouver les verbes et les adjectifs qui appartiennent à la même famille que

(a)   la connaissance
(b)   la pensée
(c)   l'adoration
(d)   l'inquiétude
(e)   la flatterie
(f)   l'industrie
(g)   la confiance
(h)   la satisfaction

Notez-les bien, puis apprenez-les.

B. Regardez ces expressions employées par Yves Aubert, ainsi que d'autres exemples du même genre :

(a)   Je l'apprends en l'exerçant.
       Il gagne sa vie en travaillant dur.
       Nous faisons des économies en mangeant des légumes plutôt que de la viande.

(b)   Il faudrait ne pas avoir d'accent.
       Il vaut mieux ne pas prendre le métro aux heures de pointe.
       Ils ont préféré ne pas sortir en mer pendant la tempête.

(c)   Si ma destinée avait été telle je serais entré en cette branche très tôt.
       Si je n'avais pas eu la grippe j'aurais joué au football aujourd'hui.
       Si la guerre ne s'était pas déclarée il aurait continué à travailler à la ferme.

Quelles sont les principales règles grammaticales qu'on peut en tirer ? Discutez-les avec votre professeur ou vérifiez-les dans votre livre de grammaire.

C. Voici quelques expressions employées par Yves Aubert ainsi que d'autres exemples du même genre. Traduisez-les en anglais.

(a)   .. ou bien pour n'importe quelle industrie
(b)   Choisis n'importe quel.
(c)   ... qui veut vendre quoi que ce soit en France
(d)   Elle acceptera ce que tu lui diras quoi que ce soit.

Etudes idéologiques – 1

Considérez cette affirmation d'Yves Aubert :
« Les Français ont un grand respect vis-à-vis des comédiens anglais. »

Si ce qu'il dit est vrai, pourquoi est-ce qu'il n'y a pas un très grand nombre de comédiens anglais qui travaillent en France ?

Peut-on dire que ce qu'il dit est vrai de *tous* les Français, c'est-à-dire que c'est *toujours* vrai ? Ou est-ce vrai de quelques Français, c'est-à-dire que c'est *quelquefois ou souvent* vrai. Est-ce vrai seulement *en principe* ?

En tout cas, ce que dit Yves Aubert est *une généralisation*. Il faut toujours se méfier des généralisations (en voilà une autre !) car il y a souvent des exceptions. Il existe, certes, des généralisations qui sont vraies, et d'autres, comme celle d'Yves Aubert, qui ne font pas de mal, mais il y en a d'autres encore qui ne sont pas du tout acceptables, par exemple « Les hommes aiment le sport, les femmes le détestent ». Apprenez donc à reconnaître et à vous méfier des généralisations, que ce soit une autre personne qui s'en sert ou que ce soit vous-même.

8

Lisez et écoutez

Ecoutez maintenant un nouvel extrait de l'interview d'Yves Aubert. Cette fois nous l'avons transcrit afin que vous puissiez étudier plus étroitement la forme de ce qu'il a dit. Nous vous conseillons cependant de bien écouter la bande au moins deux fois avant de lire la version écrite. Ceci est d'autant plus important si vous avez du mal à comprendre : vous n'arriverez jamais à comprendre si vous abandonnez la tâche à la première difficulté ! Daphne a demandé à Yves Aubert depuis combien de temps il joue dans le feuilleton **The Archers**. Voici sa réponse :

chargé – troubled
cuisinier (m) – chef
éberlué – flabbergasted
écrasé – run over
en tant que tel – as such
exploser – to explode
feuilleton (m) – soap opera
flatteur – flattering
flotter – to flounder
graisse de bœuf (f) – beef dripping
gros sous (m pl) – cash
hurler – to howl
metteur en scène (m) – producer
mignon – sweet
poussé – overdone
prendre le dessus – to take over
recette (f) – recipe
remonter à loin – to go back a long way
remonter qn à bloc – to knock s.o. back
savoir pertinemment – to know for a fact
sceau (m) – seal
se moquer de – to make fun of
se plaindre – to complain
se rendre compte – to realise
soupe au lait – temperamental
sur longue durée – long term
truchement (m) – intervention
vedette (f) – star

« Depuis, je crois, à peu près sept ans. »
Depuis longtemps, n'est-ce pas ? Que pensez-vous de cela ?
« D'abord, c'était très flatteur de jouer dans les *Archers*. Alors l'histoire, si j'ai le temps de vous le dire, c'était drôle parce que, j'écoute la radio de temps en temps, j'entendais *The Archers*, très bien, et ils parlaient d'un cuisinier Jean-Paul, et je me suis dit « ça y est, ils ont pris un comédien anglais avec un mauvais accent » et j'étais prêt à leur écrire en leur disant « la prochaine fois que cet homme-ci meurt écrasé sous un train ou dans sa cuisine, j'arrive ! » Mais je ne savais pas, il n'existait pas. Il n'existait que sur papier, et quelque temps après, par le truchement de mon agent, j'ai reçu un coup de téléphone de la productrice et là, j'étais absolument remonté à bloc, je dis « C'est moi. C'est moi que vous voulez. N'allez pas plus loin, c'est moi : je suis soupe au lait, j'explose, je suis aussi très artistique, etc. » Ils étaient complètement éberlués, ils ont dit : « Ah bon, très bien, très bien, d'accord. » Ce n'était qu'un épisode et ma chance c'est qu'en fait, ça n'aurait dû être qu'un seul épisode et les gens ont aimé le personnage et donc ils ont écrit… »
Et ça continue ?
« Ça continue. Voilà. »
Comment expliquez-vous la grande popularité dont il jouit, ce programme ?
« Le programme ? Alors d'abord parce que la musique qui est… *(il chante)*, d'abord c'est tellement mignon, c'est tellement… C'est un programme qui rassure. Ça remonte à loin parce que la plupart des gens qui l'entendent l'ont entendu sur les genoux de leur mère, donc ça rassure. C'est un petit peu comme tous ces programmes qui existent depuis longtemps, qu'on n'a pas vraiment en France, nous. Et donc ça remonte à loin et on sent que tout va bien. »
Pourquoi est-ce que ça n'existe pas en France ?
« Ça n'existe pas… il y a quand même une raison. Ça aurait pu exister. En effet mon père jouait dans un feuilleton il y a des

« Ah, que ça sent bon ! »

**Yves Aubert, dans le rôle de
Jean-Paul, cueille des fines herbes
dans le potager de *Grey Gables***

**Yves Aubert, chez lui, le jour de
notre interview**

années, à Radio Luxembourg, qui s'appelait *La famille Duraton*
et je crois que c'était simplement des questions de gros sous, des
questions de privatisations, etc., alors que la B.B.C., Dieu merci,
jusqu'à présent, ne pensait pas simplement qu'à l'argent et à
l'audience etc. et donc ils ont pu établir des choses sur longue
durée, et ça, c'est merveilleux. La radio anglaise, je dois dire,
est extraordinaire. J'adore. J'écoute constamment Radio 4.
Sublime, pas toujours, mais vraiment j'entends tant de choses
extraordinaires. »

*Est-ce qu'il y a quand même de petits problèmes ? Par exemple, il y a
des gens qui croient que les personnages des Archers existent
vraiment, n'est-ce pas ?*

« Ah, tout à fait. Bah, c'est-à-dire, ce qui est curieux, c'est que...
il y a deux choses, d'abord, il y a des gens qui croient vraiment
qu'on existe vraiment en tant que tel, donc il vous envoient des
lettres, ils vous racontent leur vie. Il y a des gens qui prient pour
moi, mais très gentiment ou qui m'envoient leurs recettes ou qui
me racontent leurs malheurs et puis aussi des gens qui vous
prennent pour une vedette et alors quand ils vous voient... et
c'est curieux, parce que moi je ne suis pas du tout une vedette, je
ne me ressens pas du tout comme ça — et pour certaines
personnes qui écoutent vous êtes une vedette, s'ils savent qui
vous êtes, c'est extraordinaire ! Et même des gens qui sont même
dans le métier, des gens qui sont dans ces branches-là, tout d'un
coup... « Ah ! Vous êtes dans *The Archers* ! », c'est quelque
chose d'extraordinaire. C'est drôle d'ailleurs, parce qu'ils se
rendent compte mais ils veulent vous parler et s'ils demandent
votre autographe, c'est à hurler de rire. C'est très drôle. »

Est-ce qu'on vous reconnaît quelquefois à la voix plus qu'au visage ?

« Non, jamais, jamais, jamais, jamais parce que, d'abord, le
personnage que je joue a un accent différent du mien. »

*Ah bon ! Est-ce qu'il est plus difficile, pensez-vous, de jouer à la radio
quand on n'a que la voix, on n'a pas le langage du corps, on n'a pas
de décor, on n'a pas de costume ?*

« Non, je ne crois pas que c'est plus difficile. C'est différent et
j'adore. Je trouve que c'est fantastique, la radio, parce que,
justement, à la radio, on n'est pas limité par son physique. Or, ça
me fait très plaisir quand des gens s'imaginent que j'ai dix ou
quinze ans de plus, que j'ai un gros ventre, une moustache et des
cheveux gris. J'adore ça ! Ça, c'est fantastique. Là, je vous dis
que j'ai réussi. »

Vous vivez le personnage que vous jouez ?

« Ce qui est très curieux, c'est quand on fait, quand on a... pour
moi c'est le plaisir de jouer dans un feuilleton, le personnage

existe en dehors de vous. C'est-à-dire que quand vous reprenez le texte… on me demande parfois « Parlez-nous comme Jean-Paul ». Je ne peux pas, mais je pourrais… mais je ne peux pas… Franchement, je ne sais pas, je ne sais pas comment il parle et quand j'ai le texte devant moi… cet homme… je ne suis quand même ni fou ni schizophrène… il prend le dessus et en ce sens j'ai beaucoup d'affection pour lui. Pourtant il est assez prétentieux. Il est drôle d'ailleurs parce qu'il est un petit peu prétentieux. Il m'amuse. J'ai beaucoup… je veux le protéger et parfois le metteur en scène me dit « Non, fais-le un petit peu plus chargé, un petit peu plus poussé, un petit peu plus ridicule » et je ne veux pas, parce que je ne veux pas que les gens se moquent de lui. Je l'aime beaucoup. »

Alors, quelle est votre méthode de travail ? Est-ce que vous étudiez bien le texte ou est-ce que c'est plutôt spontané ?

« Non, non, j'étudie vraiment le texte. J'étudie vraiment le texte parce qu'en plus dans *The Archers*, bon, ça a changé depuis, mais en général les gens ont fait ça depuis tellement longtemps qu'ils savent exactement ce qu'ils font. Donc… on voulait ça un petit peu au départ, je flottais un petit peu, j'étais très intimidé, d'ailleurs, très flatté d'en faire partie, très intimidé aussi, je n'avais pas d'idée, je n'étais pas du tout guidé, pas du tout dirigé en fait et c'était inquiétant. Donc c'est à soi-même de créer son personnage. C'est difficile de créer puisque le texte change énormément. Les gens qui écrivent les dialogues changent aussi mais… donc, oui, j'étudie le texte, non, je l'étudie bien — en plus parce que, curieusement, comme je dois mettre un accent qui est le sien mais qui n'est pas le mien, j'ai quand même à penser aux choses. »

D'accord. J'ai entendu dire qu'une fermière s'est plainte parce qu'on entend toujours la même vache dans les Archers, même quand la scène se passe dans plusieurs fermes…

« Absolument. Absolument. »

Est-ce qu'on vous a fait d'autres récriminations comme ça ?

« Oui. Mon personnage a dit une fois que dans le nord de l'Angleterre on faisait tout à la graisse de bœuf. Il y a eu des bouchers, des cuisiniers du, je ne sais pas, du Northumberland, je ne sais pas trop, qui se sont plaints. « Comment ? C'est pas vrai, ça ! » Moi je ne faisais que de lire mon texte. Eh oui, les gens se plaignent, mais c'est bien, c'est pas grave, c'est amusant en fait. Non, pour mon personnage j'ai – heureusement j'ai pas de chien ni de chat – mais j'ai eu le tort une fois à la radio, non, pas à la radio, dans une soirée de rencontre avec des gens qui me demandent… qui m'ont posé des questions, ils me parlent du chien Captain, de Mr Woolley. Ils m'ont dit « Mais enfin, mais il n'existe pas, ce chien, bien sûr ». J'ai dit « Bien sûr que non ». « Ah, vraiment ? » Et je me suis rendu compte que j'aurais dû mentir parce que, bien qu'ils sachent pertinemment qu'il n'existe pas, ils veulent… alors maintenant je ne dis plus rien. Je dis « J'ai signé un contrat sous le sceau du secret. Je ne peux rien vous dire. » Je ne dis plus rien. »

Ça vous donne une satisfaction parce que vous faites plaisir aux gens mais c'est quelque chose même peut-être de plus que le plaisir ?

« Oui, parce que pour des gens, d'abord, pour beaucoup de gens c'est un… c'est plus qu'un plaisir. Ça leur remplit une certaine partie de leur vie. Ça les rassure. Ça les rend plus heureux. Oui, c'est facile, non, pas facile, c'est très intéressant de voir ce que ça peut faire… Il y a aussi le côté… je vous ai dit que je suis très flatté de le faire et effectivement c'est très agréable quand quelqu'un dit « Ah, j'adore ! » bien sûr, bien sûr c'est agréable, mais c'est extraordinaire de voir le pouvoir de la radio. Ça, c'est étonnant. »

1 What did Yves Aubert do to try to obtain the part of Jean-Paul in *The Archers*?

2 In what way does Yves Aubert think he was lucky?

3 Why does he think people find *The Archers* a reassuring programme?

4 Why does he find it difficult to talk like Jean-Paul when asked to do so?

5 Why did he find it difficult at first to play the part of Jean-Paul?

6 How is Yves Aubert frequently asked to change the way he acts the part of Jean-Paul?

7 Why did people from the north of England complain about what Jean-Paul once said in *The Archers*?

1 Pourquoi les Français n'ont-ils pas de feuilleton qui ait duré aussi longtemps que *The Archers*?

2 Qu'est-ce qu'Yves Aubert trouve de très amusant dans la façon dont certains auditeurs le traitent ?

3 Qu'est-ce qui donne à Yves Aubert l'impression qu'il a vraiment réussi quelque chose à la radio ?

4 Quels sentiments Jean-Paul éveille-t-il chez Yves Aubert ?

5 Pourquoi les gens qui écrivent *The Archers* doivent-ils veiller à ce qu'ils ne se trompent pas sur les détails qu'ils mettent dans le texte ?

6 Pourquoi Yves Aubert garde-t-il quelquefois le secret quand on lui pose des questions sur *The Archers* ?

7 Qu'est-ce qui étonne Yves Aubert mais qui lui fait plaisir aussi ?

Etudes linguistiques – 2

A. Au cours de ses réponses Yves Aubert a employé les termes suivants. Vérifiez dans votre dictionnaire quelle en est la signification exacte, puis cherchez d'autres mots qui ont plus ou moins le même sens. S'il existe une légère différence, notez bien de quoi il s'agit. Après avoir trouvé ces mots vous les apprendrez, bien sûr, et vous essayerez de vous en servir le plus tôt possible.

(a)   drôle
(b)   le truchement
(c)   éberlué
(d)   curieux
(e)   prétentieux
(f)   poussé
(g)   le sceau
(h)   mignon

B. Regardez la transcription de ce qu'Yves Aubert a dit et cherchez tous les verbes pronominaux, par exemple *ils se rendent compte*, *les gens se plaignent*. Il s'en est servi de plusieurs aussi dans le premier extrait de son interview que vous avez entendu tout à l'heure.

Notez que tous ces verbes s'accompagnent d'un pronom personnel comme *me* ou *se* qui représente la même personne ou la même chose que le sujet. Traduisez en anglais les verbes que vous avez trouvés dans le texte. Combien seraient aussi des verbes pronominaux en anglais ?

Notez l'emploi de ces verbes dans les textes français que vous lirez et cherchez à vous en servir quand vous écrirez vous-même en français.

C. Voici quelques idiomes employés par Yves Aubert. En vous servant de votre dictionnaire déterminez quel en est le sens littéral et puis quel en est le sens figuré.

1   Je suis soupe au lait.
2   C'était simplement des questions de gros sous.
3   C'est à hurler de rire.
4   Il prend le dessus.
5   Je flottais un petit peu.
6   J'ai signé un contrat sous le sceau du secret.

Etudes idéologiques – 2

Yves Aubert exprime l'opinion que la radio anglaise, surtout Radio 4, est *extraordinaire*, *merveilleuse*, *sublime*. Etes-vous du même avis ? Sinon, pourquoi pas ? Est-ce une opinion qui serait acceptée de tous ? Quelles raisons est-ce qu'Yves Aubert apporte pour soutenir cette opinion ? Est-ce que ce sont de bonnes raisons ? Pourriez-vous en trouver d'autres, ou est-ce que vous seriez capable de prouver le contraire ?

Lecture

Dans une partie de l'interview que vous n'avez pas encore entendue, Yves Aubert a beaucoup parlé de l'influence américaine sur la vie française. En particulier il a exprimé un mépris total pour Euro Disney : « *Je hais Euro Disney. Je vomis Euro Disney.* » Voici un article paru dans l'*EVENEMENT DU JEUDI* qui considère Euro Disney sous un tout autre aspect. Lisez-le avec beaucoup d'attention et puis répondez aux questions qui suivent.

Ce qu'inspire à un philosophe une journée à Euro Disney …

L'autre jour je suis allé à Euro Disney avec mes enfants. Ils s'y sont beaucoup amusés, merci, et je ne m'y suis pas trop ennuyé non plus. On a tort d'y voir une menace culturelle : c'est l'in-culture qui menace, ici comme partout, et peu importe alors qu'elle soit d'origine américaine ou française. Une souris d'outre-Atlantique ou un Gaulois bien de chez nous, quelle différence ? Ce ne sont qu' amusements, et ce n'est pas l'amusement qui nuit à la culture: c'est l'ennui, la prétention, la bêtise, toutes choses dont l'art contemporain, hélas ! nous accable depuis des décennies.

Beaubourg, je veux dire ce qu'on y expose trop souvent, fait plus de tort à la peinture que les bandes dessinées que lisent nos enfants. Disney est moins ridicule que Buren ; Goldorak, guère plus laid qu'un Niki de Saint-Phalle.

Par André COMTE-SPONVILLE

Mais je m'égare. Ce n'est pas de peinture que je voulais parler, ni d'art, ni de culture. De quoi ? D'amusement. Euro Disney est là pour ça, non ?

ou
Mickey, l'enfance,
le divertissement,
la mort
et Blaise Pascal

Ce qui m'a d'abord frappé, c'est le nombre étonnant d'adultes (plus de la moitié des visiteurs ce jour-là) et, spécialement, d'adultes sans enfants. Ils avaient l'air fort contents d'y être d'ailleurs, malgré le prix élevé du billet d'entrée, et faisaient la queue sans rechigner pour monter sur les manèges, les petits trains,

les petites voitures… je sais qu'il n'y a pas d'âge pour s'amuser. Mais quel plaisir prennent-ils, me demandais-je, eux qui ont de vraies voitures (que les enfants leur envient), eux qui pestent contre les limitations de vitesse ou les embouteillages, à rouler ainsi à 15 km/h, sur un circuit clos où l'on ne peut ni doubler ni manœuvrer, mais seulement avancer à la queue leu leu, pendant cinq petites minutes, peut-être moins, après un bon quart d'heure d'attente ? On dira qu'ils veulent retrouver leur enfance, leur naïveté perdue, leurs rêves… Peut-être. Mais l'enfance veut grandir (c'est pourquoi les enfants, eux, adorent ces petites voitures : ils jouent à faire comme les grands) : c'est lui être infidèle que de mimer sa fraîcheur ou de transformer son impatience en nostalgie. Entre un enfant qui veut grandir et un adulte qui s'y refuse, il y a plus de différences que de ressemblances. L'enfant joue à être grand, l'adulte à être petit : l'un vit dans le rêve qui apprend à vivre, l'autre dans l'oubli ou la dénégation de ce que la vie, douloureusement, nous apprend. L'un devient ce qu'il sera, l'autre voudrait redevenir ce qu'il n'est plus…

Qu'on me comprenne bien : je n'ai rien contre le jeu ou l'amusement, bien au contraire. Mais pourquoi faudrait-il s'amuser comme des enfants ? Ces adultes, sur leurs chevaux de bois, que cherchent-ils ? Que veulent-ils oublier ? Peut-être cela, qu'ils sont adultes. Que le temps passé ne se retrouve jamais. Que le monde n'est pas une nurserie, comme disait Freud, ou que la vie, décidément, n'est pas un dessin animé. Mais l'oubli n'a jamais sauvé personne. Avez-vous remarqué ceci, dans les dessins animés : qu'on n'y meurt jamais ? Voilà ! ils font semblant de ne pas mourir, de ne pas vieillir, et c'est pourquoi ils sont vieux et morts. Ce n'est pas leur âme d'enfant qu'ils retrouvent ; c'est leur âme de vieillard qu'ils anticipent. Ils retombent en enfance, l'espace d'une journée. Cela fait peur plutôt qu'envie. N'avons-nous rien de mieux à nous offrir, comme rêves, que cet univers de maisons de retraite et de modèles réduits ?

Or, il se trouve que je m'étais replongé, les jours d'avant, dans les *Pensées* de Pascal. Bien sûr, je pensais au divertissement, à ce que Pascal appelle ainsi, qui est l'oubli de l'essentiel : *« Les hommes n'ayant pu guérir la*

mort, la misère, l'ignorance, ils se sont avisés, pour se rendre heureux, de n'y point penser... » C'est pourquoi ils se divertissent: non pour être heureux, mais pour oublier qu'ils ne le sont pas, qu'ils ne peuvent l'être, se sachant mortels et insatiables, aussi incapables d'oublier tout à fait leur misère (au sens de Pascal : leur faiblesse, leur solitude, la fugacité et la vanité de leurs petits plaisirs...) que de s'y résigner. « De là vient, ajoute Pascal, que les hommes aiment tant le bruit et le remuement. » Comment n'aime-raient-ils pas les parcs de loisirs ? « Ils croient chercher sincèrement le repos et ne cherchent en effet que l'agitation. » C'est pourquoi ils se plaisent même à faire la queue. Le temps qu'on passe à attendre un divertissement, c'est déjà un divertissement : c'est autant de temps qu'on ne passe pas à attendre la mort, ou durant lequel, du moins, on oublie qu'on l'attend, ou qu'elle nous attend... La chose est bien plus ancienne que Mickey, bien plus ancienne que Pascal. Les divertissements changent, mais pas la nécessité de se divertir.

Nécessité ? Oui : parce qu'on ne peut vivre en repos dans une chambre. Un roi sans divertisse-ment serait un roi malheureux. Et que vaudrait la vie d'un philo-sophe, s'il n'avait la philosophie

Les colonnes de Buren, dans les jardins du Palais Royal

pour le divertir ? C'est ce qu'on oublie trop souvent.

Pascal, qui fait le diagnostic du divertissement, le considère comme une maladie nécessaire, que dis-je, comme la seule santé, hors la foi, qui nous soit accessible. « Le peuple a des opinions très saines, écrit-il, par exemple d'avoir choisi le divertissement, et la chasse plutôt que la prise. » C'est que la chasse, mieux que le lièvre qu'on achète, nous occupe l'esprit et nous fait oublier la vanité de tout, de la chasse, certes, mais aussi bien du travail, de la richesse, du pouvoir, de la gloire, et même du mépris, pour ceux qui en sont capables, de ces vanités... Le divertissement exprime notre misère, mais aussi l'adoucit : comme il faudrait haïr ou méconnaître l'humanité pour vouloir le supprimer ! Mickey vaut mieux que la mélancolie, le jeu que la haine, le sport que la guerre. D'ailleurs la guerre est un

divertissement aussi, pour ceux qui l'aiment. Et le mépris du divertissement en est un autre, même s'il ne divertit guère, et seulement de loin en loin, que quelques intellectuels hautains...

« Ceux-là, remarquait Pascal, sont les plus sots de la bande, puisqu'ils le sont avec connaissance, au lieu qu'on peut penser des autres qu'ils ne le seraient plus s'ils avaient cette connaissance. »

Je pensais à tout cela en faisant la queue : cela m'évitait de trop m'ennuyer. Je voyais bien que la pensée était un divertissement aussi, dont il importait de n'être pas dupe. Aussi n'en admirais-je que mieux Pascal, qui savait si bien philosopher en se moquant de la philosophie... Lisez-le. Vous y verrez que la philosophie est un divertissement pour adultes, qui vaut pourtant mieux, à notre âge, que les manèges de nos enfants. Et qu'elle n'est pas seulement un divertissement : il arrive qu'elle ramène à l'essentiel, au lieu de le masquer. L'essentiel ? La vie, la vérité, l'amour. Quoi de plus difficile ? Quoi de plus passion-nant ? On ne peut pas toujours jouer, faire semblant. La philo-sophie aide à grandir. C'est sa manière à elle d'être fidèle à l'enfance.

15

accabler – to oppress
adoucir – to tone down
âme (f) – soul
décennie (f) – decade
dénégation (f) – denial
divertir – to amuse, distract
doubler – to overtake
ennui (m) – boredom
envier qch à qn – to envy
        someone something
faire du tort à – to damage
faire semblant de – to pretend
foi (f) – faith
fugacité (f) – transience
guère – hardly
haïr – to hate
hautain – lofty, haughty
hors – except
laid – ugly
maison de retraite (f) –
        retirement home
malgré – in spite of
manège (m) – merry-go-round
mépris (m) – contempt
mimer – to mimic
naïveté (f) – innocence
nuire à – to be harmful to
remuement (m) – movement
rêve (m) – dream
sot – stupid
vieillir – to grow old

toujours la même vache...

1 Why does the author of this article *not* find Euro Disney a threat to culture?
2 Why does he think that as many adults as children visit Euro Disney?
3 According to the French philosopher Blaise Pascal, why do people seek entertainment?
4 Why do people even enjoy standing in a queue?
5 What conclusion does the author reach about the study of philosophy?

1 Quel jugement l'auteur porte-t-il sur l'art contemporain?
2 Que faisaient les adultes que l'auteur a vus à Euro Disney ?
3 Pourquoi est-ce que les dessins animés ne reflètent pas la vie réelle ?
4 Pourquoi est-ce que les parcs de loisirs ne sont pas reposants ?
5 Pourquoi l'auteur admire-t-il tant Blaise Pascal ?

Etudes linguistiques – 3

A. Cherchez dans ce que vous venez de lire les expressions qui équivalent à ces mots ou à ces locutions anglais. Notez-les bien, puis apprenez-les.

a threat
to get off the subject
surprising
to make a fuss

to curse
in single file
a scale model
to misunderstand

B. Etudiez l'emploi que fait l'auteur de cet article du mot *que* :
(i)   Pour poser une question (Que cherchent-ils ? Que veulent-ils oublier ?)
(ii)   Avec *ne ...* (= *only*) (Ce ne sont qu'amusements.)
(iii)   Comme conjonction, après certains verbes comme *savoir* (Je sais qu'il n'y a pas d'âge pour s'amuser.)
(iv)   Comme pronom relatif référant à l'objet direct d'un verbe (... de vraies voitures que les enfants leur envient)
(v)   Dans une comparaison (Disney est moins ridicule que Buren.)
(vi)   Après un infinitif précédé d'un adjectif (C'est lui être infidèle que de mimer sa fraîcheur.)
(vii)   Après le pronom *ce* représentant une idée (Je veux dire ce qu'on y expose.)
(viii) Pour introduire une proposition principale où le subjonctif marque un désir ou un ordre (Qu'on me comprenne bien.)

Regardez bien tous les autres exemples de l'emploi du mot *que* dans l'article sur Euro Disney et placez-les tous dans une de ces huit catégories. Puis inventez vous-même d'autres exemples de chaque usage.

C. Le préfixe *in-* est un élément négatif. L'auteur de cet article a donc parlé de la *culture* et de l'*inculture*. Il a utilisé aussi les adjectifs *infidèle*, *insatiable* et *incapable*.
Devant les lettres *b*, *m* et *p* on utilise *im-* plutôt que *in-*, par exemple *imparfait*, *imberbe*, *immoral*, *immortel* et *impatient*.
Devant *l*, cependant, on utilise *il-*, par exemple *illégal*, *illégitime*.
Ajoutez donc le bon préfixe (*in-*, *im-* ou *il-*) à chacun des mots suivants:
logique, exact, égal, mérité, juste, poli, possible, lisible, utile, lettré.
Puis cherchez d'autres mots dont on peut changer le sens de la même façon.

Etudes idéologiques – 3

Quelles sont les idées qu'exprime l'auteur sur
(i)   l'enfance
(ii)   les adultes et le divertissement
(iii)   la philosophie ?
Quels arguments et quels exemples sont employés pour soutenir ces idées ? Qu'en pensez-vous ?
L'auteur semble préférer les divertissements cérébraux aux divertissements physiques. Qu'en pensez-vous ?

Curiosités

Et les filles, alors... ?

Vous attendez un train au quai numéro un de la gare de Calais-Ville et vous voyez cette affiche :

**DEFENSE ABSOLUE DE TOUCHER AUX FILS
MEME TOMBES A TERRE
DANGER DE MORT**

Lisez cette affiche à haute voix. Voyez-vous qu'il existe deux prononciations possibles et donc deux significations possibles ? Quelle est la bonne façon de prononcer cela, et qu'est-ce que cela signifie ?

Ecoutez et écrivez

Ecoutez sur la cassette une partie de l'interview d'Yves Aubert où il parle de la radio en France et de l'influence américaine, puis écrivez-la en français.

Connaissez-vous ce verbe ?

Connaissez-vous le verbe *avoir* ? Bien sûr, vous le connaissez. Mais est-ce que vous connaissez toutes les façons de l'employer ? En voici quelques-unes que vous ne connaissez peut-être pas encore :
Qu'est-ce qu'il a, ton frère ?
Il en a eu pour son argent.
J'en ai pour cinq minutes.
Il nous a bien eus !
Qu'est-ce que vous avez comme voiture ?
Ils en ont souvent après moi.
Vous n'avez qu'à tourner le bouton.
Il n'y a pas de quoi.
Il n'y a qu'à les ramasser.
Cherchez dans votre dictionnaire pour vérifier exactement ce que signifie chaque usage. Puis cherchez vous-même d'autres façons de l'employer — vous en trouverez quelques exemples dans l'interview d'Yves Aubert ainsi que dans l'article sur Euro Disney. Notez chaque exemple et traduisez-le en anglais : vous verrez que « *avoir = to have* » ne dit pas tout !

Traduisez en anglais

Relisez le dernier paragraphe de l'article sur Euro Disney, celui qui commence par « Je pensais à tout cela... » et puis traduisez-le en anglais.

17

Traduisez en français

Yves Aubert obtained the part of the cook in **The Archers** through his agent, and by persuading the lady producer that he was made for the part, as he was fiery-tempered and artistic in temperament. Monsieur Aubert is delighted when people imagine that he is like Jean-Paul, although the actor is really much younger and slimmer than the cook. He is surprised when people pray for him or tell him their troubles, because he does not look upon himself as a star. In fact he finds that he cannot imitate Jean-Paul's accent unless he has the script in front of him, and he has difficulty making the character more exaggerated or ridiculous as he doesn't want people to laugh at Jean-Paul.

When people believe that the characters in **The Archers** really exist, Yves Aubert prefers not to upset them by telling them the truth, so he pretends he has signed a contract under the seal of secrecy and so can reveal nothing.

Yves Aubert finds the power of radio quite extraordinary and gains satisfaction from making people happy, from reassuring them and filling up part of their lives.

Le mot juste

Voici une série de phrases que nous avons traduites en anglais. Dans chaque traduction il y a un mot qui n'est pas tout à fait le mot qu'il faudrait. Cherchez donc dans tous les cas le mot juste. Faites bien attention, car il ne s'agit pas toujours d'une faute de traduction : quelquefois c'est simplement qu'on aurait pu trouver une traduction plus exacte ou plus élégante. Après, vous ferez la même chose pour la seconde série de phrases, que nous avons traduites en français.

1 **Il a pris le pot et a versé du lait dans la tasse.**
He picked up the jug and put some milk in the cup.

2 **Notre pays natal est la Bourgogne.**
The country of our birth is Burgundy.

3 **Ma nièce est si sensible qu'elle déteste se disputer avec sa sœur.**
My niece is so sensible that she hates quarelling with her sister.

4 **Il m'a dit que sa décision était définitive.**
He told me that his decision was definite.

5 **Mes parents ont crié de joie quand mon frère est revenu de la guerre.**
My parents wept with joy when my brother returned from the war.

1 **I don't care for him a great deal.**
Je ne m'occupe pas beaucoup de lui.

2 **You will understand it eventually.**
Tu le comprendras éventuellement.

3 **I'm not actually sure if I shall be able to be there.**
Je ne suis pas actuellement sûr si je pourrai y être.

4 **My friend took me to the airport.**
Mon ami m'a pris à l'aéroport.

5 **I got the plane to Berlin.**
J'ai pris l'avion à Berlin.

Trouvez mieux !

Voici quelques phrases qui ne sont pas toujours vraiment incorrectes, mais qui sont bien susceptibles d'être améliorées. Trouvez donc une meilleure façon d'exprimer les mêmes pensées.

1   C'est la même chose pour les étudiants.
2   Le problème avec eux, c'est qu'ils ne comprennent pas très bien.
3   Ce programme est au sujet d'un village anglais.
4   C'est une solution qui n'a pas marché.
5   Il serait facile de faire une liste de ses qualités.

Résumé

Exercices détaillés

Voici quelques petites phrases à traduire en français. Dans chaque cas il s'agit de trouver le pronom relatif (*qui*, *que*, *dont*, *lequel*, etc.) qu'il faut.
1. I don't know who this book belongs to. 2. What do you take me for? 3. What are you complaining of? 4. Did you hear what he said? 5. What is in the letter you received this morning? 6. Where is the dictionary you were using? 7. I don't like the way she sings. 8. Did you find what you were looking for? 9. Tell me all you know about Yves Aubert. 10. I arrived late, which often happens. 11. It is a job for which he has a lot of talent. 12. I came to a street, at the corner of which stood the shop you told me about. 13. Which one of these photographs do you prefer?

Lisez d'abord ce passage, puis répondez en français aux questions qui suivent.

Quand Yves Aubert était petit et qu'il habitait toujours l'hexagone, il écoutait sur *France–Culture* une femme qui lisait des contes de fées. Cette lecture, qui lui permettait de donner libre cours à son imagination enchantait le garçon qui n'avait d'autre ambition que de gagner sa vie en faisant la même chose. C'est pourquoi il n'a jamais rêvé de jouer de grands rôles au théâtre, au cinéma ou à la télévision.

C'est le mystère de la radio et l'appel qu'elle fait à l'imagination qui expliquent l'absence d'Yves Aubert pendant la tournée de publicité que font les comédiens qui jouent dans *The Archers*. Il préfère, lui, que les auditeurs ne le voient pas tel qu'il est pour qu'ils puissent continuer à s'en faire leur propre idée à eux.

De la même manière, après avoir lu sa « Lettre de l'Amérique » à la radio britannique pendant près d'un demi-siècle, le célèbre Alistair Cooke a refusé de paraître à la télévision dans une émission spécialement conçue pour commémorer les débuts de la radio, de crainte que son physique de vieil homme ne détruise l'idée que des millions d'auditeurs s'étaient déjà faite de lui au cours des années.

1   Que faisait la femme sur *France–Culture* quand Yves Aubert était petit ?
2   Pourquoi Yves Aubert a-t-il décidé de faire carrière à la radio?
3   Pourquoi Yves Aubert n'accompagne-t-il pas les comédiens des *Archers* pendant leurs tournées de publicité ?
4   Pourquoi a-t-on invité Alistair Cooke à paraître à la télévision ?
5   Pourquoi a-t-il refusé cette invitation ?

Relisez vos réponses. Si vous avez écrit des réponses complètes, vous devriez trouver maintenant que, si vous les enchaînez les unes aux autres, vous avez en fait écrit un résumé du passage que vous venez de lire. Si ce n'est pas le cas, modifiez vos réponses jusqu'à ce que vous soyez sûr que vous en avez fait un bon résumé.

Thèmes de discussion ou de dissertation

A. Travaillez avec un partenaire pour établir un dialogue sur la question du rôle que jouent la radio et la télévision dans la vie des gens. Prenez chacun une attitude différente. Après, vous en rédigerez chacun une version. Enfin vous pourrez comparer et, s'il y a lieu, corriger les deux versions ensemble. Voici quelques questions pour vous aider :

Y a-t-il des choses qu'on peut faire à la radio qu'on ne peut pas faire à la télévision et vice versa ?
Qu'est-ce que l'image ajoute à notre connaissance des choses ?
Comparez le bulletin d'informations à la radio et à la télévision.
La radio est-elle devenue superflue ? (Ne pas oublier les aveugles et les conducteurs, ni ceux qui travaillent en écoutant la radio.)

B. Travaillez avec un partenaire pour établir un dialogue sur la question de l'influence américaine en Europe. Prenez chacun une attitude différente. Après, vous en rédigerez chacun une version. Enfin vous pourrez comparer et, s'il y a lieu, corriger les deux versions ensemble.
Voici quelques questions pour vous aider :

Quels sont les avantages et les inconvénients du fast food ?
Montre-t-on trop de films américains en Europe ?
Ecoute-t-on trop de musique pop américaine en Europe ?
Quelles mesures peut-on prendre pour ne pas être engloutis par la culture américaine ?
Aurait-on dû installer Euro Disney ailleurs qu'à Marne-la-Vallée ?
Examinez l'influence de la mode américaine, surtout sur les jeunes.

C. Travaillez avec un partenaire pour établir un dialogue sur la question des problèmes d'un(e) Français(e) qui habite la Grande-Bretagne ou d'un(e) Britannique qui habite la France. Prenez chacun une attitude différente. Après, vous en rédigerez chacun une version. Enfin vous pourrez comparer et, s'il y a lieu, corriger les deux versions ensemble.
Voici quelques questions pour vous aider :

Est-ce que les Anglais et les Français pourront jamais se comprendre vraiment ? Si non, pourquoi ?
Les Anglais sont-ils xénophobes ? Et les Français ?
Est-il juste qu'un étranger domicilié en France n'ait pas le droit de voter dans les élections ?
Les Britanniques sont-ils froids et réservés ?
Les Français sont-ils légers et superficiels ?
Peut-on accepter qu'un « caractère national » existe ?
Un Français peut-il apprécier la cuisine britannique ?
Comparez l'ambiance d'un café à celle d'un « pub ».

DOSSIER 2

Françoise Julien

Françoise Julien et son mari Mike Bruce-Mitford sont les fondateurs et les propriétaires de **VFB** (Vacances Franco-Britanniques), société qui loue des propriétés en France rurale à des vacanciers britanniques. Fondé il y a vingt-cinq ans, VFB a connu un succès inespéré, ayant gagné beaucoup de prix et de médailles, dont, par exemple, le Grand Prix de l'Innovation Touristique et une médaille d'or présentée par le Ministère de Tourisme français. Chaque année plus de trente mille clients passent leurs vacances dans des propriétés VFB.

Nous sommes allés parler à Françoise Julien à son siège social à Cheltenham le 20 décembre 1993. Ecoutez maintenant la cassette pour entendre ce qu'elle nous a dit. Nous recommandons que vous écoutiez au moins trois fois avant de répondre aux questions qui suivent. Tony lui a demandé ce que recherche un Anglais qui va en vacances en France.

ambiance (f) – atmosphere
coutume (f) – custom
créer – to create
de toute façon – anyway
exigeant – demanding
fidèle – faithful
manier – to handle
par contre – on the other hand
parfaire – to perfect

1 In Françoise Julien's view, what should English people be looking for in a holiday in France?
2 What is the main aim of the property owners working through VFB?
3 What makes Françoise Julien think she has succeeded in satisfying most of her customers?

1 Que pense Françoise Julien du climat français ?
2 Comment Françoise Julien sait-elle si les propriétaires sont restés fidèles au contrat qu'ils ont signé avec elle ?
3 Selon Françoise Julien, pourquoi est-ce que les locataires britanniques attendent leur retour en Angleterre pour se plaindre ?

Etudes idéologiques – 1

Selon Françoise Julien, pour quelles raisons les Britanniques vont-ils en France ? Est-ce que vous acceptez son explication ? Pourquoi ? Ou pourquoi pas ?
Dressez une liste de toutes les raisons pour lesquelles, selon vous, les Britanniques passent leurs vacances en France.
Y a-t-il autant de Français qui passent leurs vacances en Grande-Bretagne ?
Qu'est-ce qu'ils y recherchent ?

Etudes linguistiques – 1

A. Les règles grammaticales sont très utiles, mais il faut souvent s'en méfier tout de même. Regardez ces adverbes employés par Françoise Julien : *typiquement* et *automatiquement*. Comme vous le savez, il s'agit d'ajouter le suffixe **-ment** aux adjectifs *typique* et *automatique*. Vous connaissez, bien sûr, d'autres adverbes comme *heureusement* et *lentement* où on ajoute le suffixe à la forme féminine de l'adjectif.

Mais quelle est la forme adverbiale de ces adjectifs : *constant, courant, plaisant, patient, violent, pertinent, évident* ?

Si vous ne le savez pas, regardez dans votre dictionnaire et puis déterminez quelle est la règle grammaticale qu'il faut suivre. Et en même temps, vérifiez la façon de prononcer les adverbes que vous formez ainsi.

B. Françoise Julien a utilisé le verbe *se plaindre*. Bien que ce soit un verbe irrégulier, il y a un assez grand nombre de verbes qui suivent le même modèle, par exemple *craindre, peindre, atteindre, éteindre, feindre, joindre* et *rejoindre*. Dans toutes leurs formes, la seule différence est celle que vous voyez à l'infinitif, c'est-à-dire qu'il faut considérer ces verbes comme des verbes qui se terminent tous par *-indre,* et non *-aindre, -eindre* et *-oindre*. On trouve donc au présent *je (me) plains, je peins* et *je joins*.

Voici quelques formes du verbe *plaindre*. Regardez-les bien, puis écrivez les formes des verbes *peindre* et *joindre* qui y correspondent.

Il plaint	Vous plaigniez	Ils ont plaint
Nous plaignons	Je plaindrai	J'avais plaint
Tu plaignais	Nous plaindrions	Elle se plaignit

Les formes que nous vous avons données sont celles du verbe *plaindre*, pas celle du verbe *se plaindre*. Comment est-ce que les formes de *se plaindre* diffèrent de celles de *plaindre* ?

Inventez des phrases pour utiliser tous ces verbes au présent et au passé composé.

Lisez et écoutez

Ecoutez maintenant un nouvel extrait de notre interview avec Françoise Julien. Cette fois nous l'avons transcrit afin que vous puissiez étudier plus étroitement la forme de ce qu'elle a dit. Nous vous conseillons cependant de bien écouter la bande au moins deux fois avant de lire la version écrite.

Tony a demandé à Françoise Julien si on fait des visites d'inspection annuelles aux propriétés. Voici sa réponse :

« Oui, toutes les maisons sont visitées une fois par an, tous les ans, tous les ans, en fait ce n'est pas une visite, on appelle ça une inspection. Nous vérifions le texte de la brochure concernant la maison. Nous vérifions la description complémentaire au texte de la brochure. Nous vérifions aussi bien sûr les photos illustrant la propriété et ensuite nous vérifions cette fameuse liste d'objets obligatoires pour savoir si tout l'équipement est conforme aux clauses contractuelles. »

Et au cours de l'année, comment vérifiez-vous que tout va bien dans les propriétés ?

« Au cours de l'année, une fois cette visite d'inspection a été faite, en fait ce sont les clients qui nous tiennent informés et... mais en général on n'a pas de problème, car tous nos propriétaires sont résidents en France et sont responsables eux-mêmes de leurs propriétés. C'est très très important – nous n'avons pas de propriétaires absents. Nous n'avons pas ce syndrome de clef sous le paillasson, le propriétaire est sur place et s'occupe lui-même de sa propriété et bien sûr il fait très attention à ce que cette propriété ne se détériore pas. Donc il est très pointilleux, méticuleux. »

D'accord. Quand il s'agit d'avoir de nouvelles propriétés, comment les choisissez-vous ? Est-ce toujours par recommandations ?

« Oui, mais ça, ce n'est pas suffisant, par exemple en ce moment nous sommes en train de faire nos recherches pour '95 et ça c'est très difficile aussi de faire des recherches de très bonne heure pour l'année d'après... après l'année qui va venir, car les propriétaires ne comprennent pas qu'on n'a même pas encore atteint '94 et nous, nous pensons déjà à '95. Donc ça c'est assez difficile avec les propriétaires à les bouger, donc en ce moment, par exemple, nous encourageons tous nos propriétaires existants en leur offrant quelque chose, une récompense financière à nous introduire à de nouvelles propriétés qui rentrent dans nos critères. Nous faisons pareil avec nos hôteliers et ensuite c'est une question de recherche avec certains magazines, certains livres ou les offices du tourisme, parfois les services de réservation des Gîtes de France. Ça dépend. C'est beaucoup de travail. Il y a aussi la publicité, mais la publicité en France ne marche pas très très bien, donc ça c'est assez difficile. »

La publicité en France ne marche pas très bien, pourquoi ?

« Je ne sais pas. Si vous mettez des annonces dans les journaux locaux, je ne suis pas sûre que les gens qui lisent ces annonces aient envie d'écrire à une adresse en Angleterre, je ne sais pas, et puis en plus, je ne sais pas si vous avez regardé la presse française, mais tout ce qui est publicité, y est assez mélangé, ce n'est pas comme le *Sunday Times* ou l'*Observer* où tout est en très bonnes catégories. C'est assez méli-mélo. »

Je sais que vous essayez pour la plupart de choisir des propriétés où il y a probablement pas d'autres Anglais dans le voisinage. Est-ce pour plaire aux Anglais, pour plaire aux Français, ou est-ce plutôt l'expression d'une philosophie personnelle ?

« C'est assez difficile à dire. C'est certainement l'expression d'une philosophie personnelle, ça c'est sûr. D'ailleurs tout VFB est basé sur une philosophie qui nous est personnelle à mon mari et à moi et on a toujours espéré que les clients aimaient notre philosophie. Pour le moment on a eu de la chance, donc cette histoire de ne pas avoir deux propriétés côte à côte pour que nos clients se retrouvent en lieu français, c'est notre philosophie et il semblerait que nos clients l'aiment. Mais je pense qu'il y a certains clients qui ne se déplairaient pas d'être à côté d'autres Britanniques, mais ça ne fait pas partie de notre conception de vacances en France rurale. »

Françoise Julien, le jour de notre interview

Dans toutes vos propriétés vous avez un petit carnet dans lequel les clients sont invités à écrire leurs impressions, n'est-ce pas ? Est-ce que vous y lisez des choses très intéressantes ou...
« Oui, nous y lisons des choses même très très intéressantes au sujet de la région, des choses à visiter, des choses à voir. Certains prennent ce cahier pour montrer leur intelligence ou leur supériorité sur certains points. C'est assez amusant à lire, oui... et c'est même très intéressant de voir comment certaines personnes passent leurs vacances. On voit de tous genres et on lit de tout. »
Est-ce que vous avez la même chose pour les propriétaires ?
« Non, non, les propriétaires gardent des notes souvent sur les avis de réservation que nous leur adressons pour chaque client. Ils mettent leur appréciation sur les clients et c'est assez amusant lorsqu'ils nous les montrent aussi. »

Cherchez dans le texte que vous venez d'écouter les mots ou les phrases qui signifient :

(a)   to check
(b)   the key under the mat
(c)   on the spot
(d)   fussy
(e)   to reach
(f)   to move someone (to do something)
(g)   It doesn't work well
(h)   to want
(i)   a muddle
(j)   side by side

1 Why does VFB not find it necessary to visit the properties more than once a year?
2 Why is it difficult for VFB to plan two years ahead?
3 Apart from personal contacts, in what three other ways does VFB try to find new properties?

1 Pourquoi est-ce que VFB ne met pas beaucoup d'annonces dans les journaux régionaux en France ?
2 Quelle est la philosophie de Monsieur et Madame Julien en ce qui concerne les vacances des Britanniques en France ?
3 Quel aspect de son travail Françoise Julien trouve-t-elle amusant ?

Etudes idéologiques – 2

Que pensez-vous de la philosophie personnelle de Françoise Julien ? A quel genre de clients est-ce que cela ne plairait pas, pensez-vous ? Que pensez-vous de l'idée de laisser un carnet pour que les clients racontent leurs expériences ? Quelles sortes de remarques mettriez-vous dans un tel carnet ?

Une belle propriété VFB en Bretagne

Etudes linguistiques – 2

A. On emploie le subjonctif pour exprimer un doute, une incertitude, ou bien une attitude. Françoise Julien a dit : « Je ne suis pas sûre que les gens aient envie d'écrire à une adresse en Angleterre » et « Il semblerait que nos clients l'aiment. » Elle aurait pu dire également « Je serais contente que nos clients soient satisfaits ».

On l'emploie aussi pour marquer un but à atteindre ou une intention, comme dans « Il fait attention à ce que cette propriété ne se détériore pas ». (Il est vrai que *aiment* et *détériore* ont les mêmes formes que l'indicatif, donc il n'est pas évident que ces verbes soient au subjonctif, mais si, par exemple, Madame Julien avait employé le verbe *être*, elle aurait dit : « Il semblerait que nos clients en soient satisfaits ».

Il faut donc utiliser un subjonctif après
douter que
Je ne crois pas que (mais non *je crois que*)
Croyez-vous que (mais non *je ne crois pas que*)
veiller à ce que
tenir à ce que
Il n'est pas évident que (mais non *il est évident que*)
aimer que
s'intéresser à ce que
Inventez des phrases qui contiennent ces verbes suivis d'un subjonctif.

Lecture

Aux pages qui suivent vous trouverez un article paru dans l'hebdomadaire *VSD* qui traite lui aussi du sujet des vacances passées en France, ou, pour être plus précis, à Saint-Tropez. Vous aurez besoin de le lire au moins trois fois, mais, à cause du grand nombre d'expressions familières, nous vous conseillons de bien regarder la section *Vocabulaire* qui l'accompagne avant de passer à la deuxième lecture.

Connaissez-vous ce verbe ?

Connaissez-vous le verbe *être* ? Bien sûr, vous le connaissez. Mais est-ce que vous connaissez toutes les façons de l'employer ? En voici quelques-unes que vous ne connaissez peut-être pas encore :

On est le combien ?
Nous sommes quatre dans la famille.
Nous n'y sommes pour rien !
Le pauvre Pierre, il n'est plus.
Il est des gens que la vérité effraie.
Toujours est-il que ton frère n'est pas d'accord.
Tout est à refaire !
Elle a continué à parler, comme si de rien n'était.
Où en êtes-vous dans vos recherches ?
Elle en a été pour son argent.
Laissez-le-moi ne serait-ce qu'un moment.
C'est à qui parlera le plus fort.

Cherchez dans votre dictionnaire pour vérifier exactement ce que signifie chaque usage. Puis cherchez vous-même d'autres façons de l'employer — vous en trouverez quelques exemples dans l'interview de Françoise Julien ainsi que dans l'article sur Saint-Tropez. Notez chaque exemple et traduisez-le en anglais : vous verrez que « *être* = *to be* » ne dit pas tout !

ST-TROPEZ

capitale de la frime

Saint-Trop', capitale de la frime et du fantasme. Pour s'y montrer et surtout pour y briller, tout est permis ou presque. Visite guidée de ce mini-eldorado sur plage où il est préférable d'être beau, riche et bronzé pour surnager. Histoire. Le tee-shirt est un peu défraîchi, la mine mal rasée et le regard vague. Normal. Il est 8 heures, un matin de juillet, à la terrasse du Gorille à Saint-Tropez. Il ressemble à un de ces modèles, belle gueule de voyou policé, que l'on feuillette en quadrichromie dans *Vogue Homme* ou *L'Officiel*. Portrait classique du frimeur fatigué de sa quotidienne virée nocturne. Saint-Trop', c'est dur.

Il a garé sa Harley 883 près du syndicat d'initiative, entre les terrasses de Sénéquier et du Gorille, sur le port. Minuscule mais incontournable territoire de la frime. *Easy Rider* version congés payés autour d'un petit crème-croissants après une nuit en boîte. Ils sont des dizaines, comme lui, à être descendus à Saint-Trop' entre le 15 juillet et le 15 août. La période idéale. Les campings regorgent de belles à la recherche du « casting director » ou du mec qui connaît la copine du cousin de la bookeuse d'Elite ou de Karin, des agences de mannequins. Ou de l'héritier, pur sang royal ou futur membre du conseil d'administration du trust familial, que l'on soupçonne

planqué derrière l'une des baies vitrées fumées des yachts somptueux qui se frottent, coque contre coque, sur le quai d'Honneur.

— Il y a des types qui viennent en Harley juste pour draguer, ironise Pipo. Ils s'imaginent qu'ils n'auront qu'à lever le petit doigt pour lever une nana. Moi, l'année dernière, j'étais en scooter – et j'avais plus de succès qu'eux. Pipo, c'est un vrai. Il le dit. Rien à voir avec les minets qui ont fait venir leur Harley par le Sernam et qui ne l'enfourchent que pour aller du Papagayo, la boîte où il faut se montrer, au bout du port. Et inversement. Lui, Pipo, il la bichonne, sa Harley 1340. D'ailleurs on reconnaît que c'est une vraie à sa cylindrée. C'est une 1340. Il a lui-même dessiné la selle en cuir. A l'arrière, il a roulé une couverture mexicaine multicolore. Quand il emmène sa femme sur sa monture, il déroule la couverture pour elle.

– Si on ne frime pas à Saint-Tropez, je ne vois pas où on peut frimer ! Mais attention ! tu as deux catégories de frimeurs à Saint-Tropez. Ceux qui se prennent au sérieux, comme les petits cons qui roulent quinze jours par mois en Harley ou ceux qui enlèvent le petit chien qui remue la tête sur la plage arrière de la voiture dès qu'ils ont passé le panneau Saint-Tropez – et les autres, comme moi et mes

Le top du top à Saint-Trop' : la Harley. On peut apercevoir Johnny Hallyday chevauchant la sienne sur le port. Jean-Roch et les membres du club Harley qu'il a fondé ne se déplacent que sur leurs bécanes de rêve. Look cuir et bandana impératif.

Tee-shirts, bandanas, cuir et gros cubes : c'est le raz de marée Harley.

27

copains. Nous on est frimeurs mais au second degré. On a la Harley, les belles nanas, les sapes en cuir, mais on garde le sens de l'humour. Faut pas confondre.

Les copains de Pipo, c'est la bande de L'Hystéria. Le bar où il faut aller. C'est Jean-Roch, jeune Toulonnais-Florentin surdoué de 24 ans, « copain de Vanessa Paradis, Johnny et Adeline, Monsieur Eddie Barclay, Elton John et surtout Mickey Rourke », qui a créé L'Hystéria. Le bar qui abrite le club de Harley local, regroupant trente-cinq adhérents, est le petit frère européen du Club Tramp de son pote Mickey à Beverly Hills, à Los Angeles. En moins de deux étés, il est devenu l'hôte des branchés. Celui chez qui l'on se doit d'aller pour frimer. En fin de soirée, à L'Hystéria, cuir et bandana de rigueur. La Harley garée juste devant. La journée au Sun 77, son resto sur la plage. On gare sa Harley côté garrigue, contre les palissades peintes de couleurs pastel, genre Venice, à LA. On fait mouiller son off-shore, celui qui va avec le yacht amarré devant chez Sénéquier, ou celui qu'on a loué pour la journée, 6 000 francs le petit, 30 000 francs le gros, face au resto sur la plage. C'est pratique. On peut le surveiller, l'admirer, bref, le regarder, en mangeant une salade avec la belle blonde, clone de Claudia Schiffer, ou la belle brune, clone de Dadou Hallyday, à qui l'on doit présenter la bookeuse de chez Karin. Et après le café, on écoute un groupe venu se produire au Sun 77. Le must du radio-crochet branché.

A deux plages « privées », à 50 francs le parasol ou le matelas, se trouvent deux autres « must ». La Voile Rouge et le Club 55. On y peut dévorer ses brochettes de poisson ou sa salade tahitienne tout à côté. Attention ! Entrée select. A moins d'avoir un nom, si ce n'est mondialement connu, localement connu, ce qui revient au même, difficile d'obtenir une table.
* Il y a des heures pour tout à Saint-Tropez. Un programme spécial frime. Et deux temps forts. Le premier entre 11 heures et 13 heures, avant, justement, la salade à Pampelonne et la balade dans l'off-shore d'un copain. Dès 11 heures, premières pétarades de Harley. Inutile avant. Le public n'est pas là. Les fêtards ne sont pas levés, les touristes pas encore arrivés des campings et des lotissements deux-pièces-loggia en copropriété, et les rideaux des baies vitrées des yachts encore tirés. Allers-retours incessants pendant deux heures sur le port. 500 mètres de ligne droite comme à la parade. On reprendra le manège à 20 heures, jusqu'à 22 heures. Même système. Mêmes horaires pour les propriétaires de yachts qui font le spectacle sur le pont arrière de leur bateau. *
– Saint-Tropez, c'est un véritable petit théâtre, raconte-t-on à la capitainerie, on y joue la même pièce depuis des années, qui pourrait s'intituler « La frime en vacances ». Le quai d'Honneur est une des scènes préférées. Et pas si chère. De 600 à 2 000 francs la journée d'amarrage. La lutte est rude pour obtenir une place entre

chez Sénéquier et le Gorille. Ils essaient le bluff, racontent qu'ils ont telle tête couronnée ou tel ministre à bord pour obtenir la place.

Les yachts, cela reste la grande attraction de Saint-Tropez. Après une visite place des Lices où un producteur, un animateur de jeux télévisés et une starlette lancent le cochonnet entre deux haies d'honneur de shorts fluo, sous les flashes d'Instamatic, on « va voir les bateaux ». Alors, en léchant une glace achetée chez Popov on bade l'équipage en grand apparat, le maître des lieux et les dames derrière leurs lunettes noires.

Et puis, il y a les boîtes. Etape obligée des frimeurs actifs et passifs, de ceux qui voudraient bien l'être, de ceux qui veulent les côtoyer. Le Pirate-Studio, rival inavoué de L'Hystéria. Un véritable studio d'enregistrement en public de fait. Sur une bande play-back on peut pousser la chansonnette. Le temps d'un 45-tours on entre au Top-50 de Saint-Trop'. On est Jean-Jacques Goldmann ou Vanessa Paradis, Sardou ou Michael Jackson. Enfin, on y croit. Mieux que la traditionnelle photo-souvenir du bord de plage, on emporte sa cassette-souvenir. Avec un peu de chance, on peut côtoyer les Belmondo, père, fils et belle-fille, les grands noms de la sape du Sentier, les fils de bonne famille qui portent les Weston et les jeans déchirés aux genoux et ont emprunté pour deux heures la BM 325 I des parents, pour la garer devant le Papagayo.

Le Gayo, pour les habitués. On y reconnaît les vrais frimeurs. Cheveux longs, torse nu sous le cuir, jean et santiag, ils se déhanchent seuls, façon sexy Prince. Idéal pour aguicher le top-model. Vrai ou faux. L'essentiel est d'avoir le look. Qu'importe si elle est shampooineuse à Marseille, descendue le temps du week-end.

Au Gayo comme au Bal, l'autre boîte située à une cinquantaine de mètres, on vient pour s'éclater. Les DJ viennent des boîtes parisiennes : Les Bains-Douches, le Broad, le Palace ou le Rex. Le rap et la house-music marchent toujours fort, mais les vieux classiques des années soixante-dix et quelques langoureux Bardot et Gainsbourg reviennent. On prend encore de l'Ecstasy. Moins cette année, affirme t-on.

– De toute façon, explique Corinne, blondinette vendeuse saisonnière de fringues sur le port, les jeunes s'ennuient ici. C'est vrai que, par rapport à l'an dernier, on voit moins d'Ecstasy sur le marché. Ils ont dû s'en lasser, comme du reste.

Au Gayo comme au Bal, on entre presque uniquement sur la frime. Et sur la gueule. Mieux vaut l'avoir belle. Arriver sur une grosse cylindrée. Etre connu ou reconnu comme l'ami de quelqu'un de connu. Porter la mini style Alaïa, le bandana genre Harley, le duo Weston-jean déchiré, pour les anonymes, non répertoriés dans le Gotha tropézien. Ou être seul. A la recherche de l'âme sœur de la soirée.

– Souvent, je laisse entrer des jeunes mecs ou des filles dont je sais qu'ils ont besoin de fric, explique un videur. La journée, ils bouffent une olive sur une tranche de pain et rêvent de rencontrer un ami riche. On sait qu'ici les boîtes sont pleines de messieurs de ce genre, à la recherche du beau garçon ou de la nana sexy. Les élus d'un soir auront peut-être la chance de frimer le lendemain sur le pont d'un yacht ou dans une décapotable. Un coup de frime le temps des vacances, après ils rentrent bien sagement dans leurs deux-pièces.

Mini-Hollywood des congés payés, Saint-Trop' attire chaque année des milliers de curieux. Stars, figurants et spectateurs. Il suffit d'avoir la panoplie, de respecter l'emploi du temps et de se donner l'air d'avoir les moyens, à défaut de les avoir. Et l'année prochaine, on aura peut-être la chance d'être invité chez Eddie Barclay. Cela reste le must des must. La dernière fois, il paraît qu'il a offert à chacun de ses invités une assiette à son effigie avec écrit « souvenir de la soirée » et le poids de son épouse, originaire de Montélimar, en nougats.

Caroline Laurent

à défaut de	without
aguicher	to attract
amarrage (m)	mooring
âme sœur (f)	soul mate
bader	to stare at
baie (f)	picture window
balade (f)	trip
boîte (f)	night club
bouffer	to eat
capitainerie (f)	harbour office
coque (f)	hull
côtoyer	to rub shoulders with
cylindrée (f)	capacity, size
décapotable (f)	convertible
déchiré	torn
défraîchi	faded
de rigueur	obligatory
deux-pièce (m)	two-room flat
faire mouiller	to launch
feuilleter	to flick through
fric (m)	money
frime (f)	posing, showing off
héritier (m)	heir
incontournable	unavoidable
ironiser	to speak ironically
mine (f)	face
monture (f)	steed, mount
panneau (m)	road sign
panoplie (f)	outfit
pétarade (f)	backfiring (noise)
plage (f)	shelf
planqué	hidden away
play-back (m)	karaoke
policé	civilised
regorger de	to be bursting with
reprendre le manège	to get back on the treadmill
se déhancher	to sway one's hips
s'éclater	to have a good time
se lasser	to get tired
selle (f)	saddle
surdoué	brilliant
temps fort (m)	high point
torse (m)	chest

1 Describe a typical young male tourist in St-Tropez at the height of the summer season.
2 What is the main difference between the two kinds of 'posers' in St-Tropez?
3 How do the regulars of the Hystéria Club spend their evenings?
4 Why can it be difficult to obtain a table at La Voile Rouge and Le Club 55?
5 What reason is suggested for less Ecstasy being sold in St-Tropez than before?

1 Comment est-ce que certaines jeunes femmes cherchent à faire avancer leur carrière en allant à St-Tropez ?
2 Quels bateaux sont favorisés à St-Tropez ?
3 A part les hôtels où est-ce que les vacanciers logent à St-Tropez ?
4 Pourquoi les propriétaires des yachts trouvent-ils quelquefois nécessaire de mentir ?
5 Quelle est la grande attraction de la boîte qui s'appelle le Pirate-Studio ?

Etudes linguistiques – 3

A. L'auteur de cet article a choisi d'employer un langage familier et argotique pour parler des jeunes gens en vacances à St-Tropez.
Vous avez certainement remarqué beaucoup de mots anglais comme le *must*, le *look*, le *play-back*, les *flashes* etc., et probablement le mot « franglais » *bookeuse*. Vous avez probablement compris que *resto* est une abbréviation de *restaurant* et *fluo* une abbréviation de *fluorescent*, mais vous n'avez peut-être pas compris tous les mots et expressions familiers. Cherchez dans votre dictionnaire le sens des mots suivants :
surnager, en quadrichromie, draguer, la gueule, une nana, un mec, enfourcher, un lotissement, lancer le cochonnet, le minet, le voyou, bichonner, le petit con, les sapes, les fringues, le pote, les branchés, le bandana, le radio-crochet, une virée, le santiag.

B. Regardez bien les phrases « On fait mouiller son off-shore » et « Rien à voir avec les minets qui ont fait venir leur Harley avec le Sernam ». Si on fait faire quelque chose, cela veut dire qu'on ne fait pas l'action soi-même mais que l'on demande à quelqu'un d'autre de le faire à sa place. On dit, par exemple : « Je vais me faire couper les cheveux » ou « Nous nous sommes fait faire une maison », parce que c'est un coiffeur ou un constructeur plutôt que vous-même qui a coupé les cheveux ou construit la maison.
Inventez d'autres phrases semblables.

C. L'auteur de l'article de *VSD* a employé assez souvent le pronom démonstratif (*celui*, *celle*, *ceux*, *celles*) pour indiquer « la personne qui », « les personnes qui » ou même « l'objet qui » s'il s'agit d'une chose plutôt que d'une personne. En voici quelques exemples :
Ceux qui prennent au sérieux...
Ceux qui enlèvent le petit chien...
Celui chez qui l'on se doit d'aller...
Celui qui va avec le yacht...
Celui qu'on a loué pour la journée...
S'il s'était agi d'une ou de plusieurs femmes, ou bien s'il s'était agi, disons, d'une moto plutôt que d'un bateau, l'auteur aurait écrit *celle* ou *celles*.
Connaissez-vous d'autres emplois des pronoms démonstratifs ? Quand est-ce qu'on dit *celui-ci* ou *celui-là*, par exemple ? Et quand est-ce qu'on dit, par exemple, *celui* ou *celle de mon ami*?
Inventez des exemples pour prouver que vous connaissez bien la règle.

Etudes idéologiques – 3

Comment expliquez-vous ce que l'auteur de l'article de VSD appelle « la frime » ? Est-ce qu'il y a une explication psychologique ? Est-ce que vous ou vos ami(e)s agiriez de la même façon ? Pourquoi ? Ou pourquoi pas ?
Connaissez-vous d'autres endroits où on trouve beaucoup de frimeurs ?
Y a-t-il des clubs, des bars ou des boîtes près de chez vous où on frime ?
Est-ce que tous les frimeurs sont jeunes ?
Croyez-vous qu'il y ait beaucoup de frimeurs qui prennent des vacances du type VFB ? Pourquoi (pas) ?

Traduisez en anglais

Relisez la section de l'article de *VSD* que nous avons marquée par des étoiles (Il y a des heures pour tout... pont arrière de leur bateau), puis traduisez-la en anglais.

Ecoutez et écrivez

Ecoutez sur la cassette une partie de l'interview de Françoise Julien où Tony lui a demandé comment les Anglais diffèrent des Français quand il s'agit d'aller en vacances. Après avoir écouté sa réponse, écrivez-la en français.

Exercices détaillés

Voici quelques petites phrases à traduire en français. Dans chaque cas il s'agit de trouver le pronom démonstratif (*celui, celle, ceux, celles* etc.) ou l'adjectif démonstratif (*ce, cette, ces*, etc.) qu'il faut. 1. Pierre is the one I like best. 2. Is that Paul's mother? – No, it's Jean's. 3. She is one of those who wanted to come with us. 4. No, not that picture – the one on the right. 5. This chair is more comfortable than that one. 6. Look at this! 7. These sweets are nicer than those. 8. That man is looking at you. 9. Do you like these sweets, or do you prefer the ones I bought last week? 10. It's too bad for those who can't do it!

« Frimeur ! »

Traduisez en français

Françoise Julien believes that her customers are loyal because they are nearly always pleased with the product they are offered. Only a few grumble about unimportant things on their return to England. Whilst they are in France they seem to prefer not to quarrel with the owner, or it may be that they cannot express themselves very well in French. For their part, the owners know that they must satisfy the requirements of VFB in order to let their property as much as possible, especially out of season. They rarely complain about their tenants unless they have good reason to do so.

Le mot juste

Voici une série de phrases que nous avons traduites en anglais. Dans chaque traduction il y a un mot qui n'est pas tout à fait le mot qu'il faudrait. Cherchez donc dans tous les cas le mot juste. Faites bien attention : quelquefois la traduction est incorrecte (et peut-être amusante) mais pas toujours : quelquefois c'est simplement qu'on aurait pu trouver une traduction plus élégante.

1   **Mon ami est une personne très compréhensive.**
    My friend is very easy to understand.
2   **Tout le monde était joyeux car c'était un jour féerique.**
    Everybody was happy because it was a public holiday.
3   **Je suis sûre que mon frère n'est pas coupable de ce crime.**
    I am sure my brother is not capable of this crime.
4   **Le billet n'est plus valable.**
    The ticket is no longer worth anything.
5   **Je me suis retourné pour voir que cet homme me suivait toujours.**
    I returned to find this man was always following me.

Et maintenant faites la même chose pour ces phrases que nous avons traduites en français.

1   **My sister is very interested in the cinema.**
    Ma sœur est très intéressante au cinéma.
2   **The undertaker saw to all the details of the funeral.**
    L'entrepreneur en pompes funéraires s'est occupé de tous les détails des obsèques.
3   **To become a lawyer she had to complete her legal studies.**
    Pour devenir notaire, il lui a fallu compléter ses études judiciaires.
4   **The painting is no longer worth anything.**
    Le tableau n'est plus valable.
5   **The ambitious manager has been promoted to the Board of Directors.**
    Le gérant ambitieux a été promis au Conseil d'Administration.

Le Conseil d'administration de VFB

Trouvez mieux !

Voici quelques phrases qui ne sont pas toujours vraiment incorrectes, mais qui sont bien susceptibles d'être améliorées. Trouvez donc une meilleure façon d'exprimer la même chose. (Il s'agit dans chaque cas de choisir un verbe différent au lieu du verbe *faire*.)

1   Dans notre ville on va faire un nouveau stade.
2   Selon la Sainte-Bible, Dieu a fait le monde en six jours.
3   Si on fume on fait mal à la santé de tout le monde.
4   Ce tableau a été fait par Corot.
5   Tu as fait le repas entier tout seul ?

Résumé

Lisez d'abord ce passage, puis répondez en français aux questions qui suivent.

Pour commencer nous avions des amis, des amis de mon mari à Londres qui nous avaient demandé une fois « Françoise, est-ce que tu pourrais nous trouver une maison pour aller en vacances en France ? ». Donc nous leur avons trouvé une maison et ensuite d'autres amis nous ont posé la même question : « Peux-tu nous trouver une maison en milieu rural en France ? ».
Plus tard, c'était des amis des amis, des gens que l'on ne connaissait pas et les propriétaires des maisons en France, comprenant qu'ils pourraient louer leurs maisons hors saison, nous ont demandé de leur trouver d'autres locataires. Nous avons donc fini par nous dire « Peut-être que l'on pourrait quand même leur faire payer un petit peu le service qu'on leur rend ? ».
Mais il a fallu quatre à cinq ans d'activité avant que nous nous rendions compte que cela pourrait être notre gagne-pain principal.

1   Pourquoi Madame Julien et son mari ont-ils commencé à chercher des propriétés à louer en France rurale ?
2   A quel moment et pourquoi ont-ils décidé de demander de l'argent à leurs clients ?

Relisez vos réponses. Si vous avez écrit des réponses complètes, vous devriez trouver que vous avez en fait écrit un résumé du passage que vous venez de lire. Si ce n'est pas le cas, modifiez vos réponses jusqu'à ce que vous soyez sûr que vous en avez fait un bon résumé.

Curiosités

Regardez ces mots : *vin, vins, vint, vingt, vainc, vaincs , vain*. Les connaissez-vous tous ? Si non, cherchez dans votre dictionnaire, puis lisez cette liste à haute voix. Qu'est-ce que vous remarquez ? Nous espérons que vous avez remarqué que, malgré le fait qu'il sont écrits de façon différente, ils se prononcent tous de la même façon, même quand un des mots (*vins*, par exemple) a plus d'un sens. Il y a beaucoup d'autres exemples qu'on aurait pu vous donner : *pin, pain, peins, peint* ; ou *fin, faim, feins, feint*.
Combien de mots différents pouvez-vous trouver qui se prononcent de la même façon que les mots qui se trouvent dans la liste qui suit :
vert, cour, voix, sur, sans
Et maintenant inventez des phrases pour indiquer les différences

Thèmes de discussion ou de dissertation

A. Travaillez avec un partenaire pour établir un dialogue sur la question de la meilleure façon de passer des vacances en France. Pesez le pour et le contre du camping, de la location d'une maison ou d'un appartement, d'un séjour à l'hôtel, d'un échange scolaire, etc. Prenez chacun une attitude différente. Après, vous en rédigerez chacun une version. Enfin vous pourrez comparer et, s'il y a lieu, corriger les deux versions ensemble.

B. Travaillez avec un partenaire pour rédiger le texte d'une publicité touristique, soit pour la région où vous habitez, soit pour une autre région que vous connaissez bien. Discutez avec votre partenaire d'abord pour établir quels sont les aspects les plus attrayants de la région et eur importance relative. Considérez ensuite les éléments qu'il faudrait inclure dans un dépliant touristique pour la même région.

C. Imaginez que vous venez de rentrer chez vous après avoir passé des vacances où vous n'avez été satisfait ni du logement, ni du voyage. Travaillez avec un partenaire pour discuter de la meilleure façon de vous plaindre auprès de l'agence de voyages qui a organisé le voyage, puis rédigez une lettre où vous exprimez votre mécontentement.. N'oubliez pas que, dans ces circonstances-là, il vaut mieux être poli que discourtois !

Normandy House, siège social de VFB à Cheltenham

DOSSIER 3

Michel Roux

Michel Roux est incontestablement un des meilleurs chefs du monde — certains diraient le meilleur — car il est le seul chef à qui on ait décerné six étoiles dans le *Guide Michelin*. Le fait qu'il coûte très cher de manger dans un de ses restaurants n'a pas empêché Michel Roux de devenir très célèbre en Angleterre, ceci grâce surtout à ses émissions de télévision.

Venu en Angleterre il y a plus de vingt-cinq ans pour rejoindre son frère aîné Albert, Michel Roux s'est consacré à la haute cuisine, à la gestion de ses restaurants et à la formation de jeunes chefs de cuisine. Les frères Roux ont écrit plusieurs livres ensemble et ont fait aussi une série d'émissions télévisées dans lesquelles ils ont préparé des plats gastronomiques tels qu'ils préparent pendant leurs démonstrations dans les rencontres gastronomiques.

Nous sommes allés parler à Michel Roux en décembre 1993 dans son restaurant *The Waterside*, dans le village de Bray, près de Maidenhead. Ecoutez maintenant la cassette pour entendre ce qu'il nous a dit. Nous recommandons que vous écoutiez au moins trois fois avant de répondre aux questions qui suivent. Tony lui a demandé de parler des changements d'attitude qu'il avait remarqués chez les Anglais depuis son arrivée en Angleterre.

---

apport (m) – contribution
augmenter – to grow
diminuer – to shrink
grande surface (f)
    – hypermarket
lié – bound up with
noyau (m) – core, small part
palais (m) – palate
prendre goût à – to develop a
    taste for
primeur (m) – young
    vegetable
se foutre de – not to give a
    damn about

1 Why does Michel Roux believe that holidays in Spain have not widened British horizons as far as good food and drink are concerned?
2 What did he do twenty years ago that English people have only recently started to do?
3 What does he say someone's reaction would be today if they went into Marks & Spencers after being away for twenty years?
4 How do the English differ in their spending habits from many other Europeans?
5 Why does he talk about *evolution* rather than *revolution*?

1 Pourquoi, selon Michel Roux, les Britanniques boivent-ils moins de bière qu'autrefois ?
2 Expliquez ce que c'est que *les primeurs*.
3 Quelles ont été les conséquences de la crise économique sur l'évolution de la gastronomie en Grande-Bretagne ?
4 En quoi la société britannique diffère-t-elle, d'après Michel Roux, de celle d'autres pays européens ?
5 Quelle caractéristique de la majorité des Britanniques rend Michel Roux triste ?

Etudes linguistiques – 1

A. Ecoutez encore une fois la cassette et notez toutes les phrases où Michel Roux utilise le pronom indéfini *on*..
Vous constaterez que *on* est employé de deux façons différentes :

(i)   il désigne, d'une façon générale, une ou plusieurs personnes, par exemple « On parle toujours de la nourriture » et « On a vu... un apport de vins de table »

(ii)   une ou plusieurs personnes bien déterminées, par exemple « Si on parle d'abord... »

B. Le nom *apport* utilisé par Michel Roux vient du verbe *apporter*, qui a été formé en ajoutant le préfixe *ap-* au verbe de base *porter*.
On peut ajouter d'autres préfixes au même verbe tels que : *re-* (*reporter*), *rap-* (*rapporter*), *em-* (*emporter*), *rem-* (*remporter*), *dé-* (*déporter*), *sup-* (*supporter*), *im-* (*importer*) et *ex-* (*exporter*).
Servez-vous de votre dictionnaire pour vérifier la signification de tous ces verbes différents, puis formez d'autres verbes en ajoutant des préfixes aux verbes suivants : *mener*, *faire*, *charger*, *ouvrir*, *tenir*, *lever*, *mettre*.
Vérifiez chaque fois dans votre dictionnaire que le verbe que vous formez ainsi existe et apprenez en même temps ce qu'il signifie.

C. Que veut dire l'expression « anti-climat » utilisé par Michel Roux ?
Que veut dire le verbe *se foutre de*, utilisé par Monsieur Roux dans la phrase « 75 % de la population en Grande-Bretagne s'en fout complètement de ce qu'ils mangent » ? Quels autres verbes ou expressions ont à peu près le même sens en français ?

Etudes idéologiques – 1

Considérez ces affirmations de Michel Roux :

(i) « Le problème de classe est beaucoup plus marqué (en Grande-Bretagne) que dans d'autres pays en Europe ».
(ii) « Dans certaines classes on ne connaît absolument rien sur la cuisine, sur la gastronomie ».
(iii) « 75 % de la population en Grande-Bretagne s'en fout complètement de ce qu'ils mangent ».
Que pensez-vous de ces affirmations ?
Certains diraient peut-être qu'elles témoignent d'une certaine arrogance ; d'autres diraient que quelqu'un qui a atteint le sommet de sa profession a le droit de porter un tel jugement. Qu'en pensez-vous ?

Pensez-vous comme Monsieur Roux que la gastronomie joue un rôle de plus en plus important dans la société britannique ?

Croyez-vous qu'il soit plus ou moins difficile pour un étranger de juger les attitudes des habitants du pays où il habite ?

Lisez et écoutez

Ecoutez maintenant un nouvel extrait de notre interview avec Michel Roux. Cette fois nous l'avons transcrit afin que vous puissiez étudier plus étroitement la forme de ce qu'il a dit. Nous vous conseillons cependant de bien écouter la bande au moins deux fois avant de lire la version écrite. Tony a demandé à Michel Roux quelle invention ou quel développement technologique au vingtième siècle a été le plus important pour les cuisiniers. Voici sa réponse :

anti-dérapant – non-slip
batteur (m) – beater
carrelage (m) – tiling
ciblé – targetted
congélateur (m) – freezer
costaud – sturdy
cuisson (f) – cooking
détailler – to separate into
          portions
douille (f) – pastry tin
fouet (m) – whip
hotte (f) – cooker hood
inox (m) – stainless steel
matériel (m) – equipment
mazout (m) – oil
nettoyer – to clean
plaque (f) – pastry board
plonge (f) – washing up
s'atrophier – to waste away
s'édenter – to chip (have their
          teeth broken)
sol (m) – floor
squelette (m) – skeleton
suie (f) – soot
usure (f) – wear and tear

**Michel Roux le jour de notre
interview**

« Alors dans notre profession je crois que le plus important, naturellement, a été les sources de chaleur — gaz ou électricité — et donc l'abandon du charbon et des bois qui tuaient la santé du cuisinier au piano qui respirait toutes ces suies, toutes ces… ou bien même les mazouts aussi ; les hottes aspirantes pour les extracteurs qui permettent d'extraire toutes les fumées des cuissons et donc de stabiliser… non seulement les extraire et les envoyer à l'extérieur mais de permettre d'avoir une meilleure température dans les cuisines ; les machines, les machines en général, telles que machines de cuisson, qui sont excellentes en cuisson sous vapeur, qui sont exceptionnelles, qui ont le goût du produit et qui cuisent à une rapidité où absolument aucune protéine, toutes les calories, tout est retenu dans le produit. Nous avons aussi les congélateurs, les congélateurs en sont un élément déterminant de notre profession maintenant de nos jours, surtout dans le domaine de la pâtisserie, où certains produits congelés sont aussi bons, si ce n'est meilleur, même, c'est assez intéressant. Faut-il savoir employer le congélateur aussi, on parle naturellement des congélateurs qui vont à des - 25 degrés. Nous avons aussi — j'ai oublié le nom de ce matériel — c'est des matériaux comme le congélateur mais qui descendent à des - 75 degrés qui vous permettent de refroidir les produits à cœur en moins de cinq à dix minutes, donc d'empêcher totalement un développement de bactéries si ces dernières étaient là, et, comme on le sait, il y a toujours un danger de refroidissement prolongé, ou de garder un produit à température dans une pièce, le développement de certaines bactéries est très dangereux. Donc pour moi… naturellement il y a aussi l'inox : l'inox a été un apport énorme et merveilleux parce que les surfaces d'inox sont faciles à nettoyer — on en trouve dans toutes les cuisines presque partout — le carrelage date d'il y a plus longtemps, alors on trouvait le carrelage déjà depuis très longtemps ; les sols anti-dérapants sont importants aussi. Pourquoi les sols anti-dérapants ? Parce que ce sont des sols qui permettent, s'il y a un côté glissant, d'être retenu — quelquefois les sols sont mouillés dans les cuisines — ils permettent aussi un certain repos, un certain repos plus sur le dos, et les machines en général, les batteurs, les fouets, toutes les machines qui, elles, soulagent naturellement le travail qui, de mon temps… Voyez, je viens de subir une opération, c'est l'usure, c'est une opération d'un os qui commençait à s'atrophier. Pourquoi ? Parce que toute ma vie j'ai traîné, j'ai battu, j'ai fouetté, à l'âge de quatorze ans

... un petit squelette

je fouettais lorsque... – pas toujours, mais mon patron, on avait de vieilles machines bonnes et – en batteur, en pâtisserie – et lorsque ce dernier-ci pour une raison ou pour une autre était occupé à fouetter quelque chose, déjà, eh bien la deuxième pesait, la deuxième mêlait, la deuxième ensemblait la préparation, je commençais à la fouetter moi-même à la main, pour avancer, parce que le temps à cette époque, on n'a que trois ou quatre apprentis, on ne chômait pas – et puis porter des sacs de farine et porter des sacs de sucre au sixième étage, à l'âge de quatorze ans, lorsque vous êtes comme un petit squelette parce qu'un enfant de la guerre, né en '41, on n'était pas costaud physiquement et tout ça, eh bien on le paie maintenant ; certaines personnes ne paieront jamais mais je le paie physiquement parce que c'est mes efforts qui m'ont atrophié un os de l'épaule à la longue. Si j'avais été bureaucrate je n'aurais peut-être pas connu ça, j'aurais peut-être connu autre chose, remarquez... mais enfin il y a eu des progrès énormes naturellement sur le plan moderne... et puis alors tout le petit matériel aussi qui est merveilleusement bien pensé, bien dessiné, qui est fait maintenant parce que les professionnels ont fait maintenant, ce qui est fantastique, je parle des usines, des producteurs, des manufacturiers, ce qu'ils ont fait, se sont souvent maintenant attachés à certains professionnels pour leur demander de travailler sur des produits ciblés, alors du matériel ciblé. Alors maintenant nous avons actuellement des plaques de cuisine non adhésives, nous avons des poches pour détailler la pâte à choux qui sont des poches lavables, nous avons même maintenant mieux que ça qui sont disposables, alors il n'y a même plus besoin de les laver. Vous les utilisez une fois, c'est terminé. Nous avons des douilles qui ne sont plus des douilles métalliques, mais des douilles en plastique donc qui sont... qui ne s'édentent plus, les dents ne souffrent plus si elles sont projetées dans la plonge chaude, elles ne sont plus écrasées comme les métalliques, elles durent plus longtemps, on peut les mettre à bouillir donc avec les produits nécessaires, donc pour le plan hygiénique aussi nous avons plus de recherches là et moins de possibilités de problèmes dans ce domaine. Là nous avons vécu aussi une période qui est phénoménale, il faut d'ailleurs reconnaître que — je crois que c'est le fait un peu dans toutes les professions, mais sur le plan artisanal nous avons bien avancé. »

1 What, according to Michel Roux, used to be very detrimental to the health of cooks?
2 What are the two developments he mentions which have removed this health hazard?
3 What advantage has the latest development in deep-freezing brought?
4 Why is stainless steel so useful?
5 Why did Michel Roux have to have an operation on his shoulder?

1 Quels sont les avantages de la cuisson sous vapeur ?
2 Pourquoi le jeune Michel Roux devait-il quelquefois battre les ingrédients à la main ?
3 Pourquoi le jeune Michel Roux était-il très maigre ?
4 Comment les fabricants de matériel de cuisine savent-ils répondre aux besoins des chefs professionnels ?
5 Pourquoi Michel Roux préfère-t-il les douilles en plastique aux douilles métalliques ?

Etudes linguistiques – 2

A. Michel Roux a parlé d'*extracteurs,* de *congélateurs,* de *batteurs,* de f*ouets,* de *plaques,* de *poches et* de *douilles.* Dressez une liste des autres appareils dont on se sert à la cuisine.

B. Notez la construction de ces verbes employés par Michel Roux :

commencer : commencer à faire quelque chose
        ... un os qui commençait à s'atrophier
demander : demander à quelqu'un de faire quelque chose
        ... des manufacturiers attachés à certains professionnels pour leur demander de travailler sur
        des produits ciblés
permettre : permettre à quelqu'un de faire quelque chose
        les congélateurs vous permettent de refroidir les produits

C. Inventez des phrases qui illustrent la construction des verbes suivants :
1   résister à faire quelque chose
2   ordonner à quelqu'un de faire quelque chose
3   reprocher à quelqu'un de faire quelque chose
4   persuader quelqu'un de faire quelque chose
5   empêcher quelqu'un de faire quelque chose
6   obliger quelqu'un à faire quelque chose

En vous servant de votre dictionnaire cherchez le sens précis des expressions suivantes :
1   pour une raison ou pour une autre
2   on ne chômait pas
3   à la longue
Maintenant inventez des phrases en vous servant de ces expressions.

Etudes idéologiques – 2

Michel Roux a parlé de l'opération qu'il a subie à l'épaule en disant :
« Si j'avais été bureaucrate je n'aurais peut-être pas connu ça, j'aurais peut-être connu autre chose ».

A votre avis, quelles sont les souffrances physiques causées par le travail ? Y a-t-il moyen de les empêcher ? Est-ce que Michel Roux a l'air de se plaindre ? Pourquoi s'y est-il résigné, pensez-vous ?

Lecture

Voici un article paru dans **Approche** (le magazine des Aéroports de Paris) qui traite aussi du sujet de la restauration. Lisez-le avec beaucoup d'attention et puis répondez aux questions qui suivent.

PARIS

LES PALAIS GOURMANDS
par Bruno Girveau

L'ARCHITECTURE DES RESTAURANTS, LONGTEMPS PERDUE COMME MINEURE, EST DEVENUE UNE VALEUR HISTORIQUE, DEPUIS LA FIN DES ANNÉES 70. HISTOIRES ET DÉBOIRES.

Va-t-on au restaurant pour se régaler ou pour être vu ? La cuisine doit-elle être mise en scène, comme un spectacle au théâtre ? Le décor de la salle est-il plus attractif que le tour de main du chef ? A ces questions contradictoires, gastronomes, restaurateurs, architectes et simples clients ont donné des réponses qui peuvent suffire à écrire l'histoire des décors de cafés et de restaurants. Quelles que soient les réticences des uns ou des autres, la décoration est devenue, avec le temps, toujours plus sophistiquée, tellement sophistiquée que, depuis la fin des années 70, certains restaurants ont accédé à la consécration suprême, le classement parmi les monuments historiques.

Les chroniqueurs gastronomiques sont presque toujours contre le tape-à-l'oeil. Grimod de La Reynière, le premier d'entre eux, se méfie déjà des ors de chez Véry en 1803. Quarante ans plus tard, l'ouverture de la Maison Dorée, boulevard des Italiens, n'inspire que du mépris à la corporation des gourmets, qui pensent même que son décor somptueux est là pour hypnotiser le mangeur et lui faire oublier ce qu'il a dans son assiette. En 1894, Edmond de Goncourt, lors de l'inauguration de la brasserie Riche de l'architecte Albert Ballu, parle de "guignol ridicule et piteux". Vers 1925, Curnonsky, le prince des gastronomes, reste prudent mais ne cache pas son goût pour le régionalisme et les fausses poutres à la normande. Enfin, en 1963, Henri Gault se jette à l'eau et publie *A voir et à manger*. Les gastronomes avouent enfin qu'on peut parfois céder à la séduction d'un décor, et ce sont les premiers à avoir demandé le classement du Bistro de la Gare (ancien Rougeot) et de Lucas-Carton.

Les cuisiniers sont parfois des artistes, les restaurateurs sont toujours des commerçants. Ils doivent garder à l'esprit quelques impératifs économiques. La première règle est que le restaurant est un lieu où l'on reste longtemps, un lieu où le décor est nécessairement important. Même les fast-foods reviennent à ce principe de base et, depuis quelque temps, on voit la chaîne Quick tenter de personnaliser ses salles.

A partir de l'année 1850, la concurrence devenant très rude, le décor s'est vite imposé comme un argument publicitaire : au début du XIXe siècle, il y a à Paris une petite centaine de restaurants, à la fin du siècle, près de deux mille, aujourd'hui plusieurs dizaines de milliers. Il faut donc se singulariser, par la qualité de la cuisine bien sûr, mais aussi par l'ornementation. Les chefs Chauveau et Cornuché ne se sont pas trompés lorsqu'ils demandent à Louis Marnez, en 1899, de boule- verser le cadre de chez Maxim's. Aujourd'hui, le label monument historique vaut bien des publicités. Beaucoup de restaurants affirment être classés même si un petit nombre d'entre eux ont réellement droit à cette appellation.

Le Véfour (1820) devient Grand en 1852

afficher – to display
tour de main (m) – dexterity, skill
mépris (m) – scorn
concurrence (f) – competition
se singulariser – to distinguish oneself
répugner à – to be reluctant to
dépouillé – bare
opiniâtreté (f) – obstinacy
fonte (f) – cast iron
enfoui – buried

Les architectes ont longtemps répugné à faire des restaurants. Encore aujourd'hui, pour la plupart, c'est souvent une commande de début de carrière, un genre mineur. Cela n'est pas bon pour la postérité de se spécialiser dans le décor des cafés et des restaurants, à moins d'aimer la popularité éphémère. Qui connaît, même chez les historiens de l'architecture, Charles Duval, l'auteur, entre autres, du Grand Café Parisien et du Bataclan, le chouchou des gazettes de 1855 à 1870, qui avait droit régulièrement à un article enthousiaste dans *L'Illustration*? Qui se souvient encore de Charles Siclis, le grand maître du genre dans l'Entre-Deux-Guerres ?

Les clients, qu'ils soient pauvres ou riches, attendent beaucoup de la cuisine, et parfois plus encore du décor. En lisant Balzac, on se rend compte que, dès le début du XIXe siècle, le restaurant joue un rôle social que les auberges et les tables d'hôte n'avaient pas autant par le passé. On y mange, mais on y discute aussi de politique, de littérature, enfin, on y parade. Le restaurant, comme le costume, permet d'afficher un niveau de vie, réel ou désiré. D'où l'importance du décor, y compris dans les restaurants populaires, où à la fin du XlXe siècle, on veut faire riche, comme à la Poste, rue de Douai (un ancien bouillon Boulant), ou, encore, faire à la mode, comme chez Vagenende (un ancien bouillon Chartier). Avec le temps, ces deux décors ont d'ailleurs réussi leur coup puisque, aujourd'hui, Vagenende et la Poste sont des établissements d'un certain standing !

Le style à la mode varie selon les époques. Entre 1840 et 1900, ce sont les styles historiques qui prédominent : le néo-médiéval, le néo-Renaissance, le néo-Louis XV, etc. La règle est de pasticher.

Vers 1900, la nouveauté, comme son nom l'indique, c'est l'Art nouveau, avec la multiplication étonnante des techniques décoratives : pâte de verre, mosaïque, céramique, métal. Les thèmes principaux de ce courant sont la femme et la flore. Après la Première Guerre mondiale, l'Art nouveau cède la place à l'Art déco, plus dépouillé, plus géométrique.

Ainsi, un style succède à un autre, sans pour autant effacer le précédent. Le restaurateur en choisit un, en fonction de sa clientèle. S'il a affaire à des gens soucieux de tradition et de cuisine éprouvée, il préférera l'imitation des styles anciens, sans tenir compte de la mode ambiante. En plein Art nouveau, l'architecte Toudoire fait du buffet de la gare de Lyon une salle à manger de palais de l'Ancien Régime. Au contraire, lorsque le restaurateur recherche une clientèle avide de nouveautés, il opte pour la modernité. C'est le cas de la Fermette Marbeuf en 1898 ou de la Coupole en 1929.

Les restaurants régionalistes sont à l'écart de ces subtilités. Ils détournent un peu tous les styles, pour les mettre au service d'une spécialité. Chez Pharamond, le décor vaguement Art nouveau, datant de 1901, célèbre surtout les tripes et la Normandie.

Les décors de restaurants ont une vie souvent bien courte. Pour quelques-uns qui sont passés au travers des tempêtes commerciales, combien ont disparu ? Il a fallu un concours de circonstances extra-ordinaire pour que le décor de la Fermette Marbeuf réapparaisse en 1978. Sans l'opiniâtreté et le coup de foudre de son actuel propriétaire, Jean Laurent, les céramiques et les colonnades de fonte seraient encore enfouies sous les plâtres et les faux-plafonds. S'il a cinq minutes, Jean Laurent se fera un plaisir de vous raconter par le menu l'histoire de son restaurant.

Heureusement, une vingtaine d'entre eux sont aujourd'hui inscrits ou classés parmi les monuments historiques. Ils appartiennent à tous les styles d'art décoratif et à toutes les catégories, du plus humble comme le bouillon Chartier au plus célèbre comme Lipp.

Quels seront les monuments historiques de demain? L'inévitable café Costes de Starck, le café Beaubourg de Portzamparc ? Rendez-vous dans un siècle. ●

Cherchez dans ce que vous venez de lire les expressions qui équivalent à ces mots ou à ces locutions anglais. Notez-les bien, puis apprenez-les.

To have a slap-up meal
Show, dazzle, ostentation
Farce, burlesque
To take the plunge
To keep in mind
Blue-eyed boy, darling
To show off, strut
Soup kitchen

1 What special recognition has been given to some Parisian restaurants in the last twenty-five years because of their interior design?
2 What criticism has been levelled at Chez Véry and La Maison Dorée ?
3 Why is the interior design of a restaurant especially important?
4 What do some restaurant owners tell lies about, and why?
5 What guides most restaurant owners in their choice of interior design?

1 Pourquoi les restaurateurs parisiens du milieu du dix-neuvième siècle ont-ils été obligés de s'occuper du décor de leurs restaurants ?
2 Qu'est-ce qui caractérise la plupart des architectes qui dessinent les plans des restaurants ?
3 Pour quelles raisons allait-on aux restaurants parisiens au dix-neuvième siècle ?
4 Pourquoi certains restaurateurs choisissent- ils d'imiter les styles anciens ?
5 Qu'est-ce qu'on doit à Jean Laurent ?

Etudes linguistiques – 3

A. Le subjonctif

Regardez bien cette phrase qu'on trouve dans le texte que vous venez de lire :
Quelles que soient les réticences des uns ou des autres, la décoration est devenue plus sophistiquée.
Il s'agit ici du subjonctif employé après l'adjectif indéfini *quel que*. Voici d'autres exemples similaires, cette fois avec *quoi que* et *qui que* :
Quoi qu'il fasse, il ne réussit pas à faire fortune.
Qui que vous soyez, écoutez-moi bien.
Remarquez que *quoi que* n'est pas du tout le même que *quoique*.
Cherchez dans votre dictionnaire pour savoir la différence.
Inventez d'autres phrases semblables.

B. On trouve deux exemples dans le texte de conjonctions suivies d'un subjonctif :
Les clients, qu'ils soient pauvres ou riches, attendent beaucoup de la cuisine, et parfois plus encore du décor.
Il a fallu un concours de circonstances extraordinaire pour que le décor de la Fermette Marbeuf réapparaisse en 1978.

Voici d'autres locutions conjonctives qui s'emploient avec un subjonctif. Etudiez-les et puis inventez des phrases en utilisant ces locutions avec un subjonctif.

à condition que... (= on condition that)
afin que... (= so that)
avant que... (= before)
bien que... (= although)
quoique... (= although)

jusqu'à ce que... (= until)
non que... (= not that)
pourvu que... (= if only, provided that)
sans que... (= without)

Etudes idéologiques – 3

Résumez en une ou deux phrases les idées principales de cet article.

Décrivez à vos camarades le décor des restaurants que vous connaissez et dites-leur ce que vous en pensez.

Quand vous allez au restaurant, qu'est-ce que vous trouvez de plus important, la qualité de la cuisine, le décor ou l'ambiance ?

Traduisez en anglais

Relisez le premier paragraphe de l'article d'**Approche** puis traduisez-le en anglais.

Ecoutez et écrivez

Ecoutez sur la cassette une partie de l'interview de Michel Roux où Tony lui a demandé pourquoi il a choisi de travailler avec son frère. Ecoutez sa réponse, puis écrivez-la en français.
Maintenant décrivez la façon dont vous feriez vous-même une action ou une série d'actions, par exemple la façon dont vous mettriez la table pour un dîner important chez vous. Comparez la façon dont vous feriez ceci avec la façon dont votre frère, votre sœur, votre mère, votre père ou votre camarade le ferait.

Connaissez-vous ce verbe ?

Connaissez-vous le verbe *faire* ? Bien sûr, vous le connaissez. Mais est-ce que vous connaissez toutes les façons de l'employer ? En voici quelques-unes que vous ne connaissez peut-être pas encore :
Ne t'en fais pas !
Qu'est-ce que ça fait ?
Elle lui a fait la tête toute la journée.
C'est bien fait !
Rien à faire !
Il pleuvait à verse, ça fait qu'on est resté à la maison.
Elle fait de la température.
Je n'ai que faire de son amitié.
Il a fait la mort et les cambrioleurs sont vite partis.
Il a fait le plein.
Elle fait combien, cette table ?

Cherchez dans votre dictionnaire pour vérifier exactement ce que signifie chaque usage. Puis cherchez d'autres façons de l'employer. Vous verrez que « *faire* .= *to do* » ne dit pas tout !

Exercices détaillés

Voici quelques petites phrases à traduire en français. Dans chaque cas il s'agit d'employer un verbe au subjonctif.
1. Whoever it is, I don't want to speak to them. 2. He isn't capable of hurting anyone. 3. Whatever you say, I won't believe you.
4. Although he was tired, he agreed to go with them. 5. Do it now before he changes his mind. 6. Stay there until we arrive. 7. He will let you stay, provided you have enough money. 8. I can't say anything without your contradicting me. 9. Not that I believe what he says. 10. She opened the window so you might be able to see better. 11. I'll come with you on condition that you let me pay.

Traduisez en français

Lisez bien ce texte, puis traduisez-le en français.

Michel Roux expressed the view that the British have developed their palate by travelling on the continent and seeing for themselves how foreigners prepare, cook and serve food. The British have taken to drinking wine instead of drinking so much beer, and supermarkets have encouraged this by importing many wines as well as fresh produce such as young carrots and onions, exotic fruits and herbs from abroad.
As the standard of living has gone down rather than up, because of the recession, many people cannot afford to indulge in expensive food.
Also, a large number of British people know nothing at all about cooking, and couldn't care less about what they eat. These people spend much less on eating than the French.
Michel Roux is saddened by this but encouraged by the fact that a quarter of the British have now discovered the pleasures of really good food and drink and, what is more, are prepared to pay for them.

Curiosités

Comment prononce-t-on les mots *os, œuf, six, violent, but* et *fait* ? Rien de plus facile, direz-vous peut-être, mais attendez ! La vraie réponse devrait être « Ça dépend ». Regardez :
os : Ça dépend si *os* est au singulier ou au pluriel : au singulier on entend le *s* final, au pluriel on ne l'entend pas.
œuf : Même chose, ou presque : au singulier on prononce le *f*, mais au pluriel (*les œufs*) on ne l'entend pas.
six : S'il s'agit du numéro 6 tout seul, on prononce le *x* final comme un *s* ; si le mot qui suit commence par une voyelle (*six enfants*), on le prononce comme un *z* ; s'il commence par une consonne, cependant, (*six garçons*), on ne le prononce pas du tout !
violent : S'il s'agit d'un adjectif il faut prononcer la dernière syllabe (*-lent*) ; s'il s'agit d'un verbe (*violer*), on ne prononce pas du tout le *nt* final.
but : S'il s'agit du passé simple du verbe *boire*, on ne prononce pas le *t* final. Si c'est un nom, on a le choix : on entend certaines gens qui prononcent le *t* et d'autres qui ne le prononcent pas. Il s'agit donc d'une de ces rares occasions où il est impossible d'avoir tort !
fait : S'il s'agit d'une partie du verbe *faire*, on ne prononce pas le *t* final ; s'il s'agit d'un nom, cependant, on a tendance à le prononcer, surtout dans l'expression *en fait*.

Le mot juste

Voici une série de phrases que nous avons traduites en anglais. Dans chaque traduction il y a un mot qui n'est pas tout à fait celui qu'il faudrait. Cherchez donc dans tous les cas le mot juste. Faites bien attention — quelquefois la traduction est incorrecte, mais pas toujours : quelquefois c'est simplement qu'on aurait pu trouver une traduction plus élégante.

1   **Il y a beaucoup d'étrangers à Paris.**
     There are a lot of strange people in Paris.
2   **L'ancienne église sert maintenant de bureaux.**
     The old church is now used as offices.
3   **Le garçon a emporté les assiettes.**
     The waiter brought the plates.
4   **L'accident s'est produit quand l'avion a décollé.**
     The accident happened when the plane landed.
5   **Nous avons travaillé exceptionnellement dimanche.**
     We worked exceptionally hard on Sunday.

Et maintenant faites la même chose pour ces phrases que nous avons traduites en français :

1   **The station clock is showing ten o'clock.**
     La pendule de la gare marque dix heures.
2   **Monsieur Jourdain is a character in a Molière play.**
     Monsieur Jourdain est un caractère dans une pièce de Molière.
3   **The grocer's is opposite the station, but the chemist's is in the square.**
     L'épicerie est en face de la gare mais la pharmacie est sur place.
4   **Body language reveals many secrets.**
     La langue du corps révèle beaucoup de secrets.
5   **Please lower the car window.**
     Veux-tu baisser la fenêtre de la voiture ?

Trouvez mieux !

Voici quelques phrases qui ne sont pas toujours incorrectes, mais qui sont bien susceptibles d'être améliorées. Trouvez donc une meilleure façon de dire la même chose. Dans chaque cas il s'agit de trouver un verbe différent.

1   A côté du café il y avait une boucherie.
2   Dans notre jardin il y avait quatre vieux pommiers.
3   Chez le médecin il y avait déjà plusieurs clients.
4   Vendredi prochain il y aura un concert à la salle municipale.
5   Sous son extérieur brusque il y a un caractère sympathique.

Résumé

Lisez d'abord ce passage, puis répondez en français aux questions qui suivent.

Michel Roux a défini les qualités qu'il faut pour réussir comme chef et pour mériter trois étoiles dans le guide Michelin.

Il a dit qu'il faut d'abord savoir bien cuisiner et préparer des plats délicieux et qu'il faut cuisiner pour soi-même plutôt que pour les clients pour être sûr d'y mettre tout son talent. Il faut aussi que le chef-patron ait un côté artistique et beaucoup de goût pour bien choisir la décoration des restaurants et pour personnaliser ce qui l'entoure. Les clients seront beaucoup plus à l'aise et resteront plus longtemps dans un décor qui leur plaît que dans un décor déplaisant.

Le chef devra également être un très bon gestionnaire parce qu'il n'est pas facile de faire marcher un restaurant et de gagner de l'argent dans la conjoncture actuelle. Beaucoup d'entreprises font faillite et sont obligées de fermer.

Cette personne devra être un bon chef d'équipe, un leader, un chef d'entreprise, qui sait inspirer le respect de son personnel mais qui encourage le côté familial de son établissement dans lequel le personnel doit se sentir heureux et protégé par le patron qui le guide. Un personnel qui est heureux est un personnel qui travaille bien.

Le chef doit aussi savoir faire face aux médias, ce qui est souvent difficile et il doit en même temps respecter les traditions et créer quelque chose de nouveau pour enrichir la vie actuelle.

1   Pour être un trois étoiles dans le guide Michelin qu'est-ce qu'il faut savoir faire et pour qui ?
2   Pourquoi faut-il être artistique et avoir du goût ?
3   Pourquoi faut-il être un bon gestionnaire et chef d'équipe ?
4   Quelle tâche difficile faut-il faire ?
5   Qu'est-ce qu'il faut respecter et créer ?

Relisez vos réponses. Si vous avez écrit des réponses complètes, vous devriez trouver que vous avez en fait écrit un résumé du passage que vous venez de lire. Si ce n'est pas le cas, modifiez vos réponses jusqu'à ce que vous soyez sûr que vous en avez fait un bon résumé.

Le Waterside Inn

Thèmes de discussion ou de dissertation

A. Travaillez avec un partenaire pour établir un dialogue sur la question de l'importance de la bonne cuisine. Prenez chacun une attitude différente. Après, vous en rédigerez chacun une version. Enfin vous pourrez comparer et, s'il y a lieu, corriger les deux versions ensemble.

Voici quelques questions pour vous aider :

Quel est l'effet de ce que nous mangeons sur notre santé physique et mentale ?
Est-il vrai que nous sommes ce que nous mangeons ?
Est-ce qu'on perd trop de temps à faire la cuisine ?
Est-il possible de bien cuisiner si on n'a pas beaucoup d'argent ?
Peut-on justifier la dépense de beaucoup d'argent sur la bonne cuisine quand il y a des milliers de gens dans le monde qui meurent de faim ?
Est-ce que ça vaut la peine de cuisiner soi-même quand on peut acheter tant de plats tout préparés à la charcuterie ou au supermarché ?
Est-ce que la bonne cuisine joue un rôle important dans la vie sociale ?
Est-ce que tout le monde devrait être végétarien par respect des animaux ?

B. Discutez maintenant la question de la profession d'un cuisinier. Choisiriez-vous cette profession ? Pourquoi ? Ou pourquoi pas ?

Voici quelques questions pour vous aider :

Quelle formation reçoit un chef de cuisine ?
Quels sont les dangers physiques de cette profession ?
Quels en sont les plaisirs et les satisfactions ?
Est-il vrai que le cuisinier est plus libre que beaucoup d'autres personnes de choisir où et avec qui il travaille ?

C. Est-ce qu'il arrivera un moment où les particuliers ne feront plus la cuisine, tant il y aura de plats cuisinés à acheter ?

Voici quelques questions pour vous aider :

Est-ce qu'il est toujours moins cher de faire la cuisine à la maison que d'acheter des plats cuisinés aux magasins ?
Quel est le problème pour les familles nombreuses ? Et pour les gens qui vivent tout seuls ?
Est-ce que les produits frais sont toujours meilleurs que les produits congelés ?
Si un mari et sa femme travaillent tous deux, qui a le temps de faire la cuisine ?.

DOSSIER 4

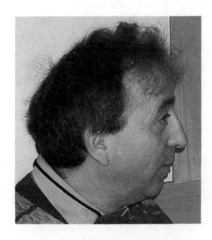

Jean-Pierre Augé

barbare (m) – barbarian
fainéant – idle
gibier (m) – game (in culinary
      sense)
mec (m) – guy, bloke
merdes de cheval (f pl)
      – horse dung
plouc (m) – country bumpkin
radin – tight-fisted
se foutre de – to take the
      mickey out of

Jean-Pierre Augé est un restaurateur français, propriétaire du restaurant *Le Beaujolais* à Bath, s'y étant installé il y a vingt-deux ans après avoir beaucoup voyagé. Né à Montauban, près de Toulouse, dans le Midi de la France, Jean-Pierre Augé parle le français avec un léger accent méridional ; d'ailleurs il parle aussi le provençal, un des dialectes de la langue d'oc, la langue ancienne qu'on parlait autrefois dans le Midi.

Jean-Pierre Augé adore rire, en famille ainsi qu'au travail. C'est pourquoi nous l'avons entendu tout d'abord à la B.B.C. – c'était dans un programme diffusé par *Radio 2*, et il parlait, naturellement, de l'humour. On ne va pas à son restaurant seulement pour manger – il amuse tout le temps ses clients en racontant des histoires drôles, ou même en leur jouant des tours.

Jean-Pierre Augé, qui est l'ami du journaliste et raconteur Miles Kington (auteur de *Let's Speak Franglais*), organise chaque année un tournoi de boules sur la grande place de Bath. D'ailleurs les boules pour lui, c'est presque aussi sérieux que l'humour : Miles Kington nous a dit qu'une fois, après qu'il avait battu Jean-Pierre Augé aux boules, celui-ci ne lui a pas parlé pendant trois mois ! Tous les mois il invite chez lui des amis qui doivent raconter une blague basée sur un mot trouvé au hasard dans le dictionnaire. Ceux qui ne font pas rire les autres doivent leur payer une tournée. Il nous a régalés de blagues lorsque nous sommes allés le voir à Bath le 31 janvier 1994 – malheureusement nous n'avons pas osé en publier la plupart ! Dans la salle du restaurant où nous lui avons parlé, d'autres personnes travaillaient et bavardaient : vous entendrez donc sur la cassette leurs voix ainsi que la musique qu'elles écoutaient. Il vous faudra donc écouter avec beaucoup d'attention. Daphne lui a demandé s'il y a des différences régionales en France en ce qui concerne l'humour.

1 How do northerners think southerners spend their time?
2 What kind of work do the southerners think Parisians can't do?
3 How do northerners classify all southerners, and vice versa?
4 Why do northerners think southerners are barbaric in their eating habits?

1 Que faut-il faire si un Parisien voyage à la campagne ?
2 Que pensent les Parisiens de la Province ?
3 Quelle est la différence entre les marchés et les super-marchés en ce qui concerne la vente de la viande ?
4 Selon les autres Français, comment sont les Bretons ?

Etudes linguistiques – 1

A. Etudiez la façon dont Jean-Pierre Augé a exprimé certaines idées négatives sans employer le mot *ne* :

Ils travaillent pas

C'est pas vrai

Ils ont pas à prendre le bus

Ils peuvent pas

Si on accepte l'ellipse de *ne* dans la langue parlée et familière il faut néanmoins l'utiliser dans la langue écrite, en écrivant, par exemple Ils *ne* travaillent pas ou Ce *n'*est pas vrai. Il arrive en fait que certains Français omettent le mot *ne* en parlant, sans s'en rendre compte : si vous ne l'entendez pas, ça ne veut pas dire qu'ils ne l'ont pas dit !

B. Notez les locutions *ne ... que* et *ne ... plus*. *ne ... que* signifie *seulement* et exprime la restriction :

Il n'y a qu'eux qui habitent en France. = Ils sont les seuls à habiter en France.

Il n'y a qu'à Paris qu'on vit. = C'est seulement à Paris qu'on vit.

Quelquefois vous entendrez cette expression au négatif, par exemple :

Il n'y a pas qu'eux qui habitent en France. = Ils ne sont pas les seuls à habiter en France.

ne ... plus signifie l'idée de l'expression anglaise *no longer* ou *no more*, par exemple :

Il n'y en a plus dans les supermarchés.

C. Cherchez dans d'autres textes les autres façons d'exprimer l'idée négative :

ne ... rien

ne ... jamais

ne ... personne

ne ... aucun(e)

ne ... guère

Etudes idéologiques – 1

Dans le premier dossier nous avons parlé de généralisations. Quelles sont les généralisations que l'on fait sur les gens du Midi, les Parisiens, les Bretons et les Normands ?

Quelles généralisations les Anglais font-ils sur les Irlandais, les Ecossais et les Gallois ?

Est-ce qu'on renforce les préjugés en prétendant que ces traits caractéristiques régionaux existent, ou est-ce qu'on réduit leurs effets en se moquant d'eux ?

On trouve souvent, par exemple, que les Juifs racontent des histoires que certains diraient anti-sémites; est-ce que la même histoire racontée par quelqu'un qui n'est pas lui-même juif n'est plus acceptable ? Est-ce peut-être la présence ou l'absence de malice qui rend la même blague acceptable dans certaines circonstances et inadmissible dans d'autres ?

Lisez et écoutez

Ecoutez maintenant un nouvel extrait de notre interview avec Jean-Pierre Augé. Cette fois nous l'avons transcrit afin que vous puissiez étudier plus étroitement la forme de ce qu'il a dit. Nous vous conseillons cependant de bien écouter la bande au moins deux fois avant de lire la version écrite. Daphne a demandé à Jean-Pierre Augé pourquoi les Français apprécient tant le mime. Voici sa réponse :

« Pour le mime il faut voir *Les enfants du Paradis* de (Jean-)Louis Barrault – qui est mort maintenant – et alors ça, c'était… mais le mime, ça a commencé depuis des années, le mime… parce que ça a commencé de… ils étaient obligés de montrer à des gens qui ne comprenaient pas la plupart du temps. Quand vous allez dans les foires foraines dans le Midi de la France… les gens ne parlaient pas français. Il fallait bien mimer, ils ne comprenaient pas le français, donc on mimait pour eux. C'est pour ça qu'on dit "Où il y a quelqu'un qui comprend le français ?" – ha, ha, ha, ha, ha, avec les mains. Les Français se sont toujours expliqués avec les mains. »

C'est plus populaire en France qu'en Angleterre…

« En Angleterre il ne faut pas pointer, montrer du doigt… Il faut parler avec les mains derrière le dos… »

1 To which famous French film does Jean-Pierre Augé refer? 2 Why does he say mime is less popular in England than in France?	1 Pourquoi les Français s'expriment-ils facilement par le mime ? 2 Où a-t-on commencé à faire le mime en France et pour quelle raison ?

foire foraine (f) – funfair
montrer du doigt – to point

Etudes idéologiques – 2

Est-ce que Jean-Pierre Augé a raison quand il dit qu'en Angleterre il faut parler avec les mains derrière le dos ?
A part les gestes que l'on fait des mains, quels autres exemples pouvez-vous donner du langage du corps ?
Observez les gens autour de vous et commentez leurs façons différentes de s'exprimer.

Etudes linguistiques – 2

Jean-Pierre Augé emploie le verbe impersonnel *il faut* au temps présent et aussi à l'imparfait.

Il faut voir *Les Enfants du Paradis*.
Il fallait bien mimer…

Voici d'autres verbes impersonnels (des verbes qui ne s'emploient qu'à la troisième personne du singulier) :

Il vaut mieux…	Il semble que…
Il s'agit de…	Il existe…
Il paraît que…	

En connaissez-vous d'autres ?

Voici des verbes impersonnels qui expriment des phénomènes de la nature :

Il pleut	Il gèle	Il tonne
Il neige	Il grêle	Il vente

Certains verbes impersonnels s'accompagnent quelquefois d'un objet indirect désignant la personne, par exemple :

Il te faut travailler	Il me vient une idée
Il ne me reste que dix francs	Il leur importe de réussir

51

Lecture

Dans une partie de l'interview que vous n'avez pas entendu, Jean-Pierre Augé a parlé avec admiration du comique Raymond Devos. Voici un article paru dans *Le Monde* qui en parle aussi. Lisez-le avec beaucoup d'attention et puis répondez aux questions qui suivent.

RAYMOND DEVOS à l'Olympia

Sous le tunnel, la manche

Voilà un homme qui, par amour du langage, lui a donné le rôle principal dans la comédie humaine. Depuis qu'en 1956 il a tenté de remonter une mer démontée en même temps que les gradins du feu d'artifice, Raymond Devos a intégré le club des poètes français. Quand il n'est pas en scène, Devos parle. Et on l'entend beaucoup, à la radio, à la télévision, dans les journaux, raconter son enfance, la genèse d'un sketch, mais surtout exposer les vertus thérapeutiques du rire et de la pantomime. Il est fascinant, énervant, abusif, à cran. Il dérape sur un adjectif, s'engage dans de grandes embardées de phrases tendues.

A l'occasion, le comédien n'hésite pas à glisser un nouveau sketch dans la conversation. Pour le tester avant l'épreuve de la scène. Ainsi avions-nous déjà entendu et vu sur le petit écran ce Premier Cri, et dernier soupir, dont Devos, le menteur lucide, raconte qu'ils lui ont été extirpés en direct « à titre posthume avant [sa] mort » par la télévision, dont la boulimie sans frontière ferait

Raymond Devos, vu par Gilles Cappé

frémir le plus gros des hommes. Voilà pour la vie quotidienne de l'artiste, ce personnage qui « est là, debout sur une planche qui oscille sur la mer. La mer est houleuse et la planche est pourrie ».

Avant de s'embarquer dans l'oralité, Devos écrit. Il part d'un mot pour en explorer les alentours : « Comme la mer était d'huile, j'en ai rempli la boîte … Sachez que, bien que les sardines et les thons naviguent de conserve, les sardines se conservent mieux dans les

boîtes de thon. Point ! A la ligne. » (l'Homme-thon). Ou bien encore se lance-t-il sur la piste aux images, ce sont ses étoiles à lui. Dit avec le ton d'évidence un peu rauque de Devos, le célébrissime « Prenez la porte!… – Qu'est-ce que vous faites? – Je lui dis : Je la prends… et avec son chambranle » continue d'être irrésistible. Le jeu verbal laisse pantois. Depuis les Pinsons, son premier numéro monté à l'ABC en 1950, il cloue l'auditoire sur place. En témoigne une somptueuse seconde de silence qui précède le rire aux éclats. C'est l'éternel recommencement. Devos raconte une histoire et la salle suspend son souffle en attendant les délices de la chute. Quel vertige ! Et pourtant, elle connaît souvent par cœur les cascades délirantes de ce classique de la langue française.

* Devos est fort en calembours, contrepèteries, en non-sens débridés et autres fantaisies littéraires. Mais la maîtrise parfaite du langage n'explique ni son succès auprès du grand public, ni la jubilation cérébrale ressentie à la sortie d'une soirée passée en sa

compagnie. Car Devos, c'est d'abord l'art de mettre une salle dans son sac, en l'amenant vers la stratégie du conte. Ainsi, quand le comique traverse le tunnel sous la Manche, la salle est plongée dans le noir. Il navigue avec une lampe électrique entre l'entrée et la sortie du tunnel – mais où est la sortie, où est l'entrée ? L'entrée n'est-elle pas la sortie ?, etc. Les amateurs communieront, les claustrophobes apprécieront. Mais nous voici dans le même bateau. Le débarquement n'est pas autorisé. *

Quel piège ! Nous voici cuits, rôtis, prêts à tomber comme le Bon Dieu, déguisé en balles rouges, sur la tête de Raymond. Nous voilà pris dans les rets inévitables des contes campagnards de la plus belle époque, forcés, en douceur, de crier : « Et alors ? », fatidique relance des calembredaines de fées et d'ogres. D'ailleurs, Devos n'a-t-il pas le ventre d'un mangeur de petits poussins ? Et dessus (ou le ventre est-il dessous ?), ne porte-t-il pas des bretelles de boxeur ? Et ne s'affuble-t-il pas d'un nez de Gugusse ? Oui, Messieurs, Mesdames, Devos est un clown. Un clown qui joue du concertina miniature, un magicien à foulards, jongleur à balles et à cerceaux. Il joue les vieux singes, singe le Penseur de Rodin ou le contribuable entrant droit comme un « i » chez son percepteur – « J'avais droit à un abattement » – et ressortant voûté – « C'était un redressement ».

Crises de foi (e) et histoires de pieu (x)

Raymond Devos est un artiste de music-hall. Il joue du violoncelle avec un Yo-Yo, triture un faux violon, prend la clarinette ou le xylophone. Il chante Le clown est mort ce soir, de Gianni Esposito, en hommage à Zavatta, entonne les Copains d'abord pour Brassens. Son pianiste, arrangeur et parfait complice, joue le rôle de l'ignorant. Quand il ne comprend vraiment pas ses explications métaphysiques (un morceau de bois, même coupé, a toujours deux bouts), le maître le somme de « descendre dans la salle ». Merci de nous croire intelligents. Nous serons vieux quand vous serez vieux, tristes ou gais quand vous voudrez.

Voilà trente-six ans, en 1958, Raymond Devos faisait sa première apparition à l'Olympia. Qu'on se rassure : « Je ferai mes adieux en 2004 », dit l'auteur de A quand (Caen) les vacances?. D'ici là, il aura sûrement le temps de perfectionner les cinq nouveaux sketches (Premier Cri, le Penseur, le Point de vue, l'Ombre de soi-même et la Porte) créés en scène, pour ce dernier Olympia « devossien » avant déplacement de la salle légendaire pour cause de reconstruction. L'artiste aura le temps de peaufiner encore et encore ses crises de foi(e), ses histoires de pieu, avec ou sans x (Thérèse et Emmanuelle), de cultiver ses envies irrépressibles de manger les mille-feuilles des pauvres. Un jour, peut-être, Dieu lui répondra.

VÉRONIQUE MORTAIGNE

A l'Olympia, jusqu'au 30 janvier et du 8 au 27 février. Relâche lundi et jeudi.
26 bd des Capucines.
Métro Opéra ou Madeleine.
Tél.: 47-42-25-49.

abattement (m) – dejection (or tax allowance)
bretelles (f pl) – braces
calembour (m) – pun
calembredaine (f) – silly joke
cerceau (m) – hoop
chambranle (m) – door-frame
contrepèterie (f) – spoonerism
contribuable (m) – tax payer
démonté – gone out (of tide) (or dismantled)

déraper – to skid
embardée (f) – swerve
être à cran – to be edgy
gradin (m) – staging
houleux – rough, stormy
pantois – flabbergasted
peaufiner – to refine
percepteur (m) – tax collector
pieu (m) – post, bed
pieux (m) – a pious person

redressement (m) – correction (or tax refund)
remonter – to come in (of tide) (or to put together again)
rets (m) – snare
s'affubler – to rig oneself out
singer – to mimic
sommer – to summon
triturer – to pummel

1 What is the main source of Raymond Devos's humour?

2 How does Raymond Devos try out his new stage sketches?

3 What effect does he have on his audience?

4 In what ways does he make his audience identify with the situation he finds himself in?

5 Apart from his attributes as a clown, what other performing skills does he display?

6 How does Raymond Devos's accompanist contribute to his humour?

1 Pourquoi l'auteur de cet article pense-t-elle que Raymond Devos est un poète ?

2 Comment Raymond Devos joue-t-il sur le verbe prendre ?

3 Comment est Raymond Devos au physique ?

4 Comment Raymond Devos fait-il de la musique ?

5 Qu'a-t-il révélé de son avenir ?

6 Pourquoi est-ce que Raymond Devos ne pourra plus paraître à l'Olympia pendant quelque temps ?

Etudes linguistiques – 3

A. Cherchez dans ce que vous venez de lire les expressions qui équivalent à ces mots ou à ces locutions anglais. Notez-les bien, puis apprenez-les.

on the stage
to talk about his childhood
a live performance
start a new paragraph
to set off on the trail

to nail to the spot
loud laughter
to hold one's breath
rest assured
between now and then

B. Vous connaissez probablement l'inversion du pronom et du verbe après le discours direct :
« Raymond Devos est un poète » a-t-elle dit.
– et aussi dans les questions suivantes :
Devos n'a-t-il pas le ventre d'un mangeur de petits poussins ?
Et dessus ne porte-t-il pas des bretelles de boxeur ?
Notez aussi l'inversion qui vient après Ainsi... :
Ainsi avions-nous déjà entendu et vu sur le petit écran...
– et après Ou bien encore... :
Ou bien encore se lance-t-il sur la piste des images.
Connaissez-vous l'inversion qui vient après les expressions peut-être, à peine, en vain et toujours est-il :?
Peut-être aura-t-il un grand succès.
A peine était-elle arrivée qu'il est reparti.
En vain a-t-il cherché dans ses poches – le billet n'était plus là.
Il a bien joué, toujours est-il que les auditeurs n'ont pas beaucoup applaudi.

C. Notez l'emploi du pronom dont dans la phrase « Ainsi avions-nous déjà entendu et vu sur le petit écran ce Premier Cri, et dernier soupir, dont Devos, le menteur lucidé, raconte qu'ils lui ont été extirpés en direct « à titre posthume avant [sa] mort » par la télévision, dont la boulimie sans frontière ferait frémir le plus gros des hommes. »

D. Etudiez la construction qui suit certains verbes utilisés dans l'article :
Il a tenté de remonter une mer démontée...
On l'entend beaucoup raconter son enfance...
Le comédien n'hésite pas à glisser un nouveau sketch dans la conversation...

Etudes idéologiques – 3

Dressez une liste de toutes les façons dont Raymond Devos fait rire les gens.
Connaissez-vous d'autres comiques aux talents si variés ou qui utilisent d'autres moyens encore de faire rire le public ? Quels sont les talents essentiels à un bon comique ? Pensez-vous que le music-hall continuera d'attirer le public, ou d'autres distractions l'ont-elles remplacé ?

Traduisez en anglais

Relisez le paragraphe de l'article sur Raymond Devos que nous avons marqué par des étoiles (*) et puis traduisez-le en anglais.

Ecoutez et écrivez

Ecoutez sur la cassette une partie de l'interview de Jean-Pierre Augé où Daphne lui a demandé de raconter une blague sur les Suisses.

Ecoutez aussi sur la cassette une partie de l'interview où Jean-Pierre Augé raconte une blague sur les Belges, suivie d'une autre au sujet de trois curés.

Après avoir écouté ceci, essayez de trouver des blagues sur les Gallois, les Ecossais, les Irlandais et – bien sûr – les Anglais, et écrivez-les en français.

Connaissez-vous ce verbe ?

Connaissez-vous le verbe *savoir* ? Bien sûr, vous le connaissez. Mais est-ce que vous connaissez toutes les façons de l'employer ? En voici quelques-unes que vous ne connaissez peut-être pas :
Je sais faire du ski.
Je ne saurais expliquer pourquoi je l'aime.
Je la sais intelligente.
Voulez-vous me faire savoir si vous pourrez venir ?
Pour autant que je sache, elle habite encore Nantes.
Ils nous ont su gré de les avoir aidés.
L'auteur va parler de deux de ses romans, à savoir *Les Forêts de la nuit* et *Un jeune couple*.
Il ne savait que faire.
Je n'en sais rien.
Il y aura beacoup de distractions : la danse, la musique, et que sais-je encore.
J'ai oublié mon parapluie je ne sais où.
Reste à savoir s'il en est capable.
Ah, vous en savez, des choses !
On ne saurait penser à tout.
Elle a un certain je ne sais quoi, cette femme.
Cherchez dans votre dictionnaire pour vérifier exactement ce que signifie chaque usage. Puis cherchez vous-même d'autres façons de l'employer. Vous verrez que « *savoir = to know* » ne dit pas tout !

Jean-Pierre Augé le jour de notre interview

Curiosités

Voici un sketch de Raymond Devos auquel on fait allusion dans l'article que vous venez de lire. Faites bien attention en le lisant : vous devez être prêt à tout moment à trouver au mot que vous lisez un sens différent de celui que vous attendez.

J'avais dit, « pendant les vacances, je ne fais rien !... rien !... je ne veux rien faire ».
Je ne savais pas où aller. Comme j'avais entendu dire : « A quand les vacances ?... A quand les vacances ?... » Je me dis « Bon !... Je vais aller à Caen... Et puis Caen ... ça tombait bien, je n'avais rien à y faire. » Je boucle la valise... je vais pour prendre le car... je demande à l'employé :
– Pour Caen, quelle heure ?
– Pour où ?
– Pour Caen !
– Comment voulez-vous que je vous dise quand, si je ne sais pas où ?
– Comment ? Vous ne savez pas où est Caen ?
– Si vous ne me le dites pas !
– Mais je vous ai dit Caen !
– Oui !... mais vous ne m'avez pas dit où !
– Monsieur... je vous demande une petite minute d'attention ! Je voudrais que vous me donniez l'heure des départs des cars qui partent pour Caen !

– !!...
– Enfin ! Caen !... dans le Calvados !...
– C'est vague !
– ... En Normandie !...
– !!...
– Ma parole ! Vous débarquez !
– Ah !... là où a lieu le débarquement !... En Normandie ! A Caen...
– Là!
– Prenez le car.
– Il part quand ?
– Il part au quart.
– !!... Mais (regardant sa montre)... le quart est passé !
– Ah !... Si le car est passé, vous l'avez raté.
– !!... Alors... et le prochain ?
– Il part à Sète.
– Mais il va à Caen ?
– Non il va à Sète.
– !!... Mais moi, je ne veux pas aller à Sète... Je veux aller à Caen !
– D'abord, qu'est-ce que vous allez faire à Caen ?
– Rien !... Rien !... Je n'ai rien à y faire !
– Alors si vous n'avez rien à faire à Caen, allez à Sète.

– !!... Qu'est-ce que vous voulez que j'aille faire à Sète ?
– Prendre le car !
– Pour où ?
– Pour Caen.
– Comment voulez-vous que je vous dise quand si je ne sais pas où ?...
– Comment !... Vous ne savez pas où est Caen ?
– Mais si, je sais où est Caen !... Ça fait une demi-heure que je vous dis que c'est dans le Calvados !... Que c'est là où je veux passer mes vacances, parce que je n'ai rien à y faire !
– Ne criez pas !... Ne criez pas !... On va s'occuper de vous.
Il a téléphoné au Dépôt.
Mon vieux !... (regardant sa montre) :
A vingt-deux, le car était là.
Les flics m'ont embarqué à sept...
Et je suis arrivé au quart.
Où j'ai passé la nuit !

Extrait de *Matière à rire* (Olivier Orban).
© Librairie Plon

Exercices détaillés

Voici quelques petites phrases à traduire en français. Dans chaque cas vous trouverez qu'il s'agit d'une structure qui a été introduite dans ce dossier.
1. It would be better to say nothing. 2. Tell me what it's all about. 3. It's not enough to read the passage – it appears you have to translate it too. 4. Have you many left? – No, I only have a dozen left. 5. There was nothing left for me to do but go home. 6. Perhaps you know why. 7. Hardly had I got there than it was time to leave. 8. I can swim, but not my sister. 9. My brother can't swim either. 10. The coach doesn't leave until seven. 11. No one knows why the English laugh so much.

Le mot juste

Voici une série de phrases que nous avons traduites en anglais. Dans chaque traduction il y a un mot qui n'est pas tout à fait celui qu'il faudrait. Cherchez donc dans tous les cas le mot juste. Faites bien attention — quelquefois la traduction est incorrecte, mais quelquefois c'est simplement qu'on aurait pu trouver une traduction plus élégante.

1 **Ma première mission a été fort intéressante. Par contre la seconde a été plutôt ennuyeuse.**
   My first task was very interesting, so the second was rather boring.
2 **Je sais très bien que tu l'as fait exprès.**
   I know very well you did it as quickly as you could.
3 **Tous les élèves se sont présentés à l'examen oral.**
   All the pupils arrived at the oral exam.
4 **J'espère que tu n'es pas fâché contre elle.**
   I hope you're not angry about her.
5 **J'ai pris la monnaie dans ma poche.**
   I put the change in my pocket.

Et maintenant faites la même chose pour ces phrases que nous avons traduites en français :

1 **All Christians believe in God.**
   Tous les chrétiens croient à Dieu.
2 **I still have a lot of jobs to do.**
   Il me reste beaucoup de taches à faire.
3 **She felt very ashamed.**
   Elle a senti très honteuse.
4 **I chose the largest slice of cake.**
   J'ai choisi le plus grand morceau de gâteau.
5 **He told us a very amusing story.**
   Il nous a dit une histoire très drôle.

Trouvez mieux !

Voici une série de phrases qui ne sont pas du tout incorrectes, mais où il y a beaucoup de mots ou d'expressions argotiques, ce qui peut être acceptable quand on parle entre amis, mais qu'on n'écrirait pas sauf si on écrivait à un bon ami. Trouvez donc une façon différente – en vous servant d'un style plus soigné et moins argotique – de dire la même chose.

1   Je suis au restaurant un soir quand ce mec entre avec une belle nana.
2   « On bouffe bien ici ? », qu'il me dit.
3   « Si t'as assez de fric, lui dis-je, mais on dit que c'est le best of des restaurants parisiens. »
4   « C'est donc un must de bouffer ici, chéri ! dit la nana. Quel dommage que tu sois si radin ! »
5   « Veux-tu arrêter de me casser les pieds ? » dit son copain.

Traduisez en français

Jean-Pierre Augé likes playing bowls, but above all he likes telling jokes. It doesn't matter to him whether he is making fun of the English, the Swiss, the French or the Belgians. He knows very well that some of the things he says are not true, but that doesn't stop him saying them, because he thinks they are funny. He isn't racist either, even though many of his jokes are based on stereotypes and generalisations, because there is no malice in the way he tells them. According to him, it's only those who don't know how to laugh who cause problems for the rest.
Like Raymond Devos, Jean-Pierre Augé likes puns. Sometimes he creates jokes by looking up words in the dictionary: he sees a word, an idea comes into his head, and a new joke is born. One thing is certain, though – if you don't like laughing, don't go to have a meal in his restaurant!

Une vache suisse, d'après Jean-Pierre Augé

Résumé

Lisez d'abord ce passage puis faites un résumé en français de l'essentiel de ce que dit Jean-Pierre Augé sur l'humour des Anglais et des Français. Dans les Dossiers qui ont précédé celui-ci, nous vous avons posé des questions dont les réponses formaient la base du résumé. Vous trouverez peut-être donc utile de vous poser vous-même des questions avant de faire votre résumé.

Quoique Jean-Pierre Augé admette qu'il y a de la finesse dans l'humour des Français tels que quelques grands comédiens et écrivains, il est convaincu qu'une grande partie de l'humour français est visuelle. Il est plus facile, dit-il, de rire en regardant des images qu'en écoutant des paroles. C'est pourquoi la B.D. (bande dessinée) qui était d'abord de l'humour pour les enfants est devenue si populaire chez les grandes personnes qu'on a fait construire à Angoulême un magnifique Centre de la B.D. et de l'image. Cela n'explique pas cependant la popularité de Raymond Devos, ni les blagues que Jean-Pierre Augé tire lui-même du dictionnaire.
Les Anglais, selon Jean-Pierre Augé, n'ont pas du tout le même sens de l'humour que les Français. Il faut extirper l'humour noir des Britanniques, dit-il, en leur faisant boire un ou deux verres de vin. Ce n'est qu'après les avoir bus que les Anglais commencent à devenir un peu français.

Thèmes de discussion ou de dissertation

A. Travaillez avec un partenaire pour établir un dialogue sur la question de ce qui vous fait rire

(a)   dans les livres
(b)   au cinéma ou au théâtre
(c)   à la télévision
(d)   à la radio
(e)   dans la vie de tous les jours.

Après, vous en rédigerez chacun une version écrite. Enfin vous pourrez comparer et, s'il y a lieu, corriger les deux versions ensemble.

Voici quelques questions pour vous aider :
Quelle sorte d'humour trouve-t-on dans les journaux illustrés pour enfants, tels que le Beano ?
L'humour du Beano ressemble-t-il à l'humour qu'on trouve dans Astérix le Gaulois ?
Trouvez-vous amusants les livres classiques pour les enfants tels que Alice au pays des merveilles, Winnie the Pooh, etc. ?
Quels films ou pièces de théâtre préférez-vous ? Pourquoi les trouvez-vous amusants ?
Que pensez-vous des pantomimes traditionnelles qui restent populaires en Grande-Bretagne ?
Quelles sont les séries amusantes que vous préférez à la télévision ? Pourquoi sont-elles drôles ?
Que pensez-vous de la satire que l'on trouve dans Spitting Image ?
En quoi l'humour à la radio diffère-t-il de l'humour à la télévision ?
Qu'est-ce qui vous fait rire dans la vie de tous les jours ?
Pour que vous riiez, faut-il que quelqu'un d'autre soit embarrassé ?
Est-ce que vous et vos camarades riez tous des mêmes choses ou des mêmes événements ?

B. Travaillez avec un partenaire pour établir un dialogue sur la question du sens de l'humour britannique comparé à celui des autres nations.

Après, vous en rédigerez chacun une version. Enfin vous pourrez comparer et, s'il y a lieu, corriger les deux versions ensemble.

Voici quelques questions pour vous aider :
Le sens de l'humour est-il enraciné dans les traits caractéristiques d'une nation ?
Comment la politique et la religion influencent-elles le sens de l'humour national ?
Est-ce que l'humour se traduit toujours bien dans une autre langue ?

C. Travaillez avec un partenaire pour établir un dialogue sur la vérité du dicton français :
« Mieux vaut en rire que d'en pleurer ».

Après, vous en rédigerez chacun une version. Enfin vous pourrez comparer et, s'il y a lieu, corriger les deux versions ensemble.

Voici quelques questions pour vous aider :
Y a-t-il des rires sans larmes ?
Quels sont les bienfaits physiques du rire ? Et les bienfaits psychologiques ?
Y a-t-il des choses qui sont trop sérieuses pour en rire ?
Connaissez-vous des gens qui ne rient jamais ?
Est-ce que le rire rend la vie plus agréable ou est-ce qu'il empêche les gens de bien vivre ?
Est-il plus facile de se moquer de quelqu'un qu'on aime que de quelqu'un qu'on n'aime pas ?
Les blagues dites « racistes » ou « sexistes », le sont-elles toujours ?

Un jeu de boules

DOSSIER 5

**Joëlle
Garriaud-Maylam**

Joëlle Garriaud-Maylam est fondatrice et Présidente de l'Association des Françaises d'Europe. Elle compte parmi quelque cent mille Français domiciliés au Royaume-Uni et parmi les Françaises mariées à un Britannique. En tant que telle elle comprend très bien les problèmes spécifiques de ces Françaises et c'est pourquoi elle a été élue au Conseil Supérieur des Françaises à l'étranger (Section britannique), dont *Trait d'union* est le journal.

Portant un vif intérêt à la vie politique et à l'idéal d'une Europe unie, elle s'est déjà présentée comme candidate au Parlement européen et elle se présentera de nouveau aux élections européennes du 12 juin 1994 : dès que vous lirez ceci, vous saurez si elle a été élue ou non. Quoi qu'il en soit, elle continuera de travailler pour la construction d'une Europe unie à laquelle elle croit profondément.

Elle voyage beaucoup : nous sommes allés lui parler à Londres en février 1994 au lendemain de son retour des Etats-Unis et à la veille de son départ pour la France. Ecoutez maintenant la cassette pour entendre ce qu'elle nous a dit. Nous recommandons que vous écoutiez au moins trois fois avant de répondre aux questions qui suivent. Tony lui a demandé de nous expliquer ses fonctions au sein de l'Association des Françaises d'Europe.

ignorer – to be unaware of
vivre en union libre – to live together
refouler – to turn back
ressortissant – national
dépeindre – to depict

1 Why are many French women who live in Britain unaware of their rights?
2 Why was the young French woman not allowed into France?
3 Why do some divorced French women continue to live in Britain?
4 What can the European Community offer young people?

1 Les femmes forment quel pourcentage des Français qui habitent le Royaume-Uni ?
2 Qu'est-ce que Joëlle Garriaud-Maylam reproche aux médias britanniques ?
3 A quoi est-ce qu'elle attribue quarante années de paix en Europe ?
4 Quel exemple donne-t-elle de ce qui reste à faire en Europe ?

Etudes linguistiques – 1

A. Vous avez entendu Madame Garriaud-Maylam dire qu'une jeune Française « a été refoulée à la frontière française » et que « tout n'est pas encore fait ».
Ce sont des exemples de verbes qui ont été employés au passif, comme, en effet, « ont été employés ». Voyez-vous qu'il s'agit simplement du verbe *être* suivi d'un participe passé et que ce participe passé s'accorde toujours avec le sujet du verbe exactement comme si c'était un adjectif ?

Regardez maintenant ces expressions, puis mettez les verbes au passif :
(a)   Ce sont des choses qu'on a étudiées de près.
(b)   On l'a punie à cause de son mensonge.
(c)   Ils ont choisi cette comédienne-là parce qu'elle sait chanter et danser.
(d)   On a beaucoup admiré les peintures qu'il a faites à Paris.
(e)   On a abattu beaucoup d'arbres pour la construction de maisons.

B. Et maintenant essayez de récrire les expressions employées par Joëlle Garriaud-Maylam en utilisant une forme active, en vous servant du pronom *on*, par exemple.

C. Ecoutez encore la cassette pour trouver les expressions françaises qui équivalent à ces expressions anglaises. Notez-les et apprenez-les.
in fact
necessarily
in this way
something extremely important
thanks to...
there again...

Etudes idéologiques – 1

Considérez ces affirmations de Joëlle Garriaud-Maylam :
(a)   Les médias britanniques ne dépeignent que le mauvais côté de l'Europe.
(b)   La possibilité d'étudier dans d'autres pays de la Communauté, d'apprendre d'autres langues, c'est une aventure extraordinaire, une ouverture de l'esprit. C'est un apprentissage de la vie.
Que pensez-vous de ces affirmations ?
Qu'est-ce que vous avez appris des affaires européennes par les médias britanniques ?
Cherchez quelques articles dans la presse sur la Communauté européenne. Quelles impressions est-ce que vous en recevez ?
Dans quels pays de la Communauté européenne aimeriez-vous étudier et pourquoi ?
Trouvez-vous que la connaissance d'une autre langue soit un bon apprentissage de la vie ?
Pour quelles raisons avez-vous choisi d'étudier le français à un niveau avancé ? Quel profit avez-vous tiré de vos études jusqu'ici ?

Lisez et écoutez

Ecoutez maintenant un nouvel extrait de notre interview avec Joëlle Garriaud-Maylam. Cette fois nous l'avons transcrit afin que vous puissiez étudier plus étroitement ce qu'elle a dit. Nous vous conseillons cependant de bien écouter la bande au moins deux fois avant de lire la version écrite. Tony a demandé à Joëlle Garriaud-Maylam comment la Communauté européenne peut résoudre les problèmes européens quand il y a tellement de différences non seulement entre les douze nations mais aussi entre les différentes régions de chaque pays. Voici sa réponse :

« Il y a un principe qui est extrêmement important et dont on parle peu au Royaume-Uni, c'est le principe de subsidiarité qui a été accepté comme déterminant dans l'évolution de la construction européenne, c'est-à-dire que chaque problème sera réglé à l'échelon où il peut être le mieux réglé, c'est-à-dire soit l'échelon régional ou même cantonal ou national et la Communauté ne s'occupant en fait que des problèmes qui, eux, ne peuvent pas être réglés aux niveaux locaux et nationaux. Je prendrai seulement un exemple : c'est celui de l'environnement. Par exemple, il est évident qu'il faut une uniformité des politiques d'environnement. L'environnement, c'est quelque chose qui dépasse les frontières nationales. On l'a vu, par exemple, au moment de Tchernobyl, un simple exemple. Lorsque Tchernobyl est arrivé, les instructions en France et en Allemagne ont été différentes. En Allemagne, peut-être un pays peut-être plus soucieux de l'environnement que nous ne l'étions à ce moment-là, on a immédiatement conseillé à tous les Allemands de ne surtout pas manger de salade, par exemple. En France, par contre, non, il n'y avait pas de danger et l'on pouvait parfaitement manger les salades qui poussaient peut-être à un kilomètre de la frontière allemande. Et ça, je crois, c'est un exemple un peu typique de la raison pour laquelle certains problèmes doivent absolument être réglés à l'échelle communautaire mais, par contre, tous les problèmes de réglementation ou de nombre de légumes dans une boîte de conserve par exemple, je crois qu'effectivement ce n'est certainement pas à l'échelle de la Communauté qu'il faut le régler. Et c'est vrai qu'il y a eu trop de bureaucratie à mon avis dans la Communauté, et en fait on a une démarche inverse de ce qu'elle aurait dû être. On a voulu commencer par régler les questions économiques alors qu'en fait, je crois, personnellement, qu'il aurait fallu s'attaquer davantage aux problèmes culturels et surtout de communautés de défense et peut-être construire une Europe politique avant même l'Europe économique pour essayer de donner une impulsion plus grande à cette construction communautaire. »

En fait il y a un très grand problème en ce moment, n'est-ce pas, avec le marché unique qui existe en principe. On a le droit d'aller dans un autre pays pour travailler, mais malheureusement il n'y a pas suffisamment de travail...

« Le chômage est effectivement un très gros problème et c'est aussi une question pour laquelle il faut absolument une harmonisation au niveau européen. C'est vrai qu'avec l'ouverture des frontières on pourrait très bien envisager que quelqu'un irait dans un autre pays parce que les avantages sociaux en cas de chômage sont plus élevés ou le coût de la vie moins important que dans son pays d'origine. Mais là aussi je crois que c'est vraiment par une approche communautaire que l'on pourra arriver sinon à régler ce problème qui est malheureusement un problème qui a de très grandes causes socio-économiques, historiques, et qui ne pourra pas se régler immédiatement, mais il y a une harmonisation nécessaire. »

cantonal – local
chômage (m) – unemployment
démarche (f) – step, move
échelon (m) – level
échelle (f) – level
pousser – to grow

régler – to settle
salade (f) – lettuce
soucieux (de) – concerned
     (with)
subsidiarité (f) – subsidiarity

1 What, according to Joëlle Garriaud-Maylam, is meant by subsidiarity?
2 What difference did she find between the German and French attitudes to environmental problems immediately after the Chernobyl disaster?
3 How does she illustrate this difference in attitude?
4 What example does she give of a problem that could be resolved at a local or regional level?

1 D'après Joëlle Garriaud-Maylam, quelle erreur a été faite par la Communauté européenne ?
2 A quel échelon préférerait-elle que l'on s'attaque au problème du chômage ?
3 Pourquoi est-ce qu'il n'est pas toujours avantageux pour un habitant de la Communauté européenne de chercher du travail dans un autre pays de la Communauté ?
4 Si Joëlle Garriaud-Maylam n'est pas sûre qu'on puisse régler le problème du chômage, comment peut-on, à son avis, améliorer la situation actuelle ?

Joëlle Garriaud-Maylam

Etudes linguistiques – 2

A. Joëlle Garriaud-Maylam a utilisé deux fois le pronom relatif *laquelle* comme complément prépositionnel :
La raison pour laquelle...
Une question pour laquelle...
Voici d'autres exemples :
Le village vers lequel nous nous dirigeons est encore loin.
Voici des livres parmi lesquels vous trouverez peut-être un roman intéressant.
J'ai des amis sans lesquels je ne serais pas heureux ici.

Les pronoms *lequel*, *laquelle*, *lesquels* et *lesquelles* peuvent aussi être utilisés comme pronom interrogatif, par exemple :
Laquelle de ces deux photos préférez-vous ?
Tu dis que tu vas m'offrir des fleurs.
Lesquelles ?

Inventez maintenant des phrases en vous servant de ces pronoms relatifs et interrrogatifs.

B. Joëlle Garriaud-Maylam a parlé des « problèmes qui, *eux*, ne peuvent pas être réglés ».
On utilise les pronoms personnels toniques *moi*, *toi*, *lui*, *elle*, *soi*, *nous*, *vous*, *eux* et *elles*
• pour souligner la personne ou la chose dont on parle : Moi, je ne viendrai pas...
• après *c'est* : C'est lui que j'aime...
• après une préposition : chez moi, avec elle...
• en réponse à une question : Qui est là ? – Moi.
• dans une comparaison : Nous sommes plus forts qu'eux...
• quand il y a deux sujets : Mon ami et moi...
• avec *même* : moi-même, toi-même, etc.

Inventez maintenant des phrases qui illustrent les emplois différents des pronoms personnels toniques.

C. En comparant l'Allemagne et la France, Joëlle Garriaud-Maylam a dit que l'Allemagne est « un pays peut-être plus soucieux de l'environnement que nous ne l'étions à ce moment-là ».
Notez l'emploi du mot *ne* dans cette phrase.

D. Vous savez certainement que l'adjectif s'accorde avec le nom qu'il qualifie et que l'on fait des comparaisons en disant, par exemple :

> un pays soucieux
> un pays plus soucieux
> le pays le plus soucieux.

Joëlle Garriaud-Maylam a dit : « Chaque problème sera réglé à l'échelon où il peut être le mieux réglé ». Notez bien que l'adverbe ne s'accorde pas avec le sujet du verbe :
Des trois filles, la première joue bien, la deuxième joue mieux, mais la troisième joue *le* mieux.
Inventez des phrases qui illustrent la comparaison des adjectifs et des adverbes.

E. Notez la construction de ces verbes employés par Joëlle Garriaud-Maylam :
conseiller à quelqu'un de faire quelque chose :
> On a conseillé à tous les Allemands de ne pas manger de salade...

commencer par :
> On a voulu commencer par régler les questions économiques...

arriver à :
> On pourra arriver ... à régler ce problème...

Le Parlement européen

Etudes idéologiques – 2

A part l'environnement et le chômage, quels autres problèmes devraient être réglés à l'échelle communautaire ?
Donnez d'autres exemples de problèmes qui seraient mieux réglés à l'échelle régionale.
Quelles mesures faut-il prendre pour réduire le chômage en Europe ?

Connaissez-vous ce verbe ?

Connaissez-vous le verbe *pouvoir* ? Bien sûr, vous le connaissez. Mais est-ce que vous connaissez toutes les façons de l'employer ? En voici quelques-unes que vous ne connaissez peut-être pas encore :
Je n'en peux plus.
Je n'y peux rien.
Il peut beaucoup.
Il est on ne peut plus gentil.
Qu'est-ce que ça peut vous faire ?
Ça se peut bien.
Il peut faire froid.
Il se peut qu'il pleuve.
Sauve qui peut !
Elle pouvait être bretonne.
Si jeunesse savait, si vieillesse pouvait !
Cherchez dans votre dictionnaire pour vérifier exactement ce que signifie chaque usage. Puis cherchez vous-même d'autres façons de l'employer. Vous verrez que « *pouvoir = to be able* » ne dit pas tout !

Lecture

Voici l'éditorial du *Trait d'Union*, le journal de l'*Association des Françaises d'Europe*, paru pendant l'été de 1992, juste avant le référendum qui a eu lieu en France sur le Traité de Maastricht. Si les Danois ont d'abord rejeté et puis enfin accepté le Traité de Maastricht, les Français l'ont accepté à la première occasion, quoique par une faible majorité.

Comprendre Maastricht

Le 20 septembre, chacun et chacune d'entre nous devra, en son âme et conscience, décider si c'est bien un avenir européen que nous voulons à la France. Cet enjeu est d'une telle importance que nous avons décidé de repousser à l'automne le Spécial Irlande que nous vous avions promis (avec, entres autres, une interview exclusive de Mary Robinson, président de la République d'Irlande) afin de pouvoir consacrer ce numéro de *Trait d'Union* au Traité de Maastricht.

Notre ambition est d'essayer de vous en présenter, d'une manière aussi claire que possible, les enjeux, afin que vous puissiez, le 20 septembre, voter en toute connaissance de cause. Le texte même du Traité devrait être disponible dans les semaines qui viennent dans les Consulats, mais sa lecture est si aride, si dissuasive que nous ne saurions la conseiller qu'aux plus enthousiastes d'entre vous...

En fait, le traité est beaucoup plus simple qu'il n'y paraît, avec quatre points principaux, une monnaie unique pour l'Europe, ("l'Europe se fera avec la monnaie ou ne se fera pas" disait déjà Jean Monnet), un nouvel équilibre des pouvoirs avec une décision plus proche des citoyens, le premier pas vers une politique étrangère commune et un premier élément de citoyenneté européenne. Il nous paraîtrait d'ailleurs plutôt timide, un simple "petit pas dans la bonne direction", et nous avons du mal à comprendre pourquoi il a soudainement déchaîné tant de passions chez certains. Quant à nous, nous aurions franchement souhaité que la Communauté aille plus loin et beaucoup plus vite, surtout au constat de notre impuissance actuelle face aux tragédies qui se déroulent à nos frontières orientales. Dans cette nouvelle querelle des anciens et des modernes, dans ce choix entre modernité et archaïsme, il semble d'ailleurs que la plupart des hommes et femmes de bonne volonté devraient voter oui le 20 septembre, à l'exception certes des communistes, des chevènementistes et de quelques gaullistes qui semblent avoir oublié que c'est justement De Gaulle qui avait, dès 1961, à peine le Traité de Rome mis en application, proposé à ses partenaires un projet d'union politique, suivi par Pompidou qui réclamait au sommet de la Haye de 1969 la création d'une Union économique et monétaire européenne...

Quarante-cinq ans après, les accords de Maastricht ne sont qu'une suite logique du Traité de Rome. Nous ne somme pas eurolâtres, nous savons que Maastricht a ses défauts, mais il a au moins le mérite d'exister. Toutes les conditions sont maintenant réunies pour que nous continuions à aménager l'architecture communautaire, avec une conscience et une culture européennes et une réelle volonté de coopération.

Et comment pourrait-il en être autrement, à l'heure même où un pays comme la Suisse, jusqu'à présent le pays le plus farouchement attaché à sa souveraineté demande officiellement son adhésion à la communauté ?

* Ce serait un coup fatal porté au progrès, et surtout à la confiance et l'espoir que les nouvelles démocraties d'Europe de l'Est nous vouent, ce serait aller à contre courant de l'histoire. Français et Françaises "de l'Etranger" qui vivons l'Europe au quotidien, nous sommes les premiers à savoir qu'il n'y a pas d'alternative à Maastricht. L'Europe est notre avenir. C'est le plus beau des projets que nous puissions apporter à nos enfants, une raison solide d'espérer, une promesse de paix et un bloc d'ancrage dans un monde en perpétuelle mutation. L'unité de notre continent européen, disait le Général de Gaulle, c'est "le rêve des sages et l'ambition des puissants".

Sachons mêler la vision à la sagesse, sachons assumer avec dignité notre responsabilité devant l'histoire et, la tête haute, apporter le 20 septembre notre contribution à la place de la France en Europe et dans le monde. *

âme (f) – soul
aménager – to work on
au constat de – acknowledg-
     ing that
chevènementiste (m) – follow-
     er of J.-P. Chevènement
     (a French politician)
déchaîner – to unleash
disponible – available
enjeu (m) – stake
se dérouler – to take place
mutation (f) – change

1 Why does the editor not recommend most people to read the text of the Treaty of Maastricht?
2 What are the four main points of the Treaty?
3 Why was the editor surprised that the Treaty had provoked a violent reaction in some people?
4 Why would the editor have preferred the Treaty to go further than it did in 1992?

1 Qu'est-ce qu'un *eurolâtre* et pourquoi les responsables de ce journal ne sont-ils pas des eurolâtres ?
2 Qu'est-ce qui explique le changement dans l'attitude de la Suisse envers la Communauté européenne ?
3 Pourquoi les Françaises d'Europe n'ont-elles vraiment pas de choix en ce qui concerne leur vote ?
4 Qu'est-ce que l'Europe pourra nous assurer à l'avenir ?

Les institutions de la communauté européenne

• **La commission.** Elle dispose du monopole de l'initiative législative et veille au respect des règles du Marché commun. Elle peut s'opposer à des décisions prises par les gouvernements ou par les entreprises. Elle a le droit d'enquêter auprès des entreprises privées et de leur infliger des amendes.
17 Commissaires, nommés pour quatre ans par les gouvernements des Etats-membres dirigent 11 000 fonctionnaires européens. 2 Commissaires sont nommés par les pays les plus importants (Fr, All, RU, It), et un par chacun des autres pays. Elle est présidée par Jacques Delors, réélu pour deux ans en juin 92.
Le Traité de Maastricht prévoit de faire passer la durée du mandat des Commissaires de 4 à 5 ans à partir de 95 et fait intervenir le Parlement européen dans la désignation du Président et des autres membres de la Commission.
• **le Conseil Européen.** Institué à l'initiative de Valéry Giscard-d'Estaing, il réunit au moins deux fois par an les Chefs d'Etat et de gouvernement de la Communauté et le président de la Commission. C'est l'organe suprême de l'union ; il donne les impulsions et définit les grandes orientations de la politique communautaire. Le Traité de Maastricht lui donne un rôle clé dans la genèse d'un politique étrangère et de sécurité commune.
• **le Conseil des Ministres.** Il réunit à Bruxelles ou à Luxembourg les douze ministres de la Communauté selon l'ordre du jour (ex. finances ou environnement). Sur certaines matières comme le Marché unique de 1993, les ministres votent à la majorité qualifiée, les gouvernements conservant un droit de veto. A de très rares exceptions près, les décisions du Conseil sont prises sur la base de propositions de la Commission, mais c'est à lui qu'appartient le pouvoir de décision final.
• **le Parlement européen.** Il est élu tous les 5 ans au suffrage universel direct. Ses 518 membres se répartissent en groupes politiques (Chrétiens-Démocrates ou "PPE", Libéraux, Socialistes etc.). Ses pouvoirs sont essentiellement consultatifs mais il peut cependant rejeter ou modifier les décisions du Conseil et le budget de la CE. Le Traité de Maastricht prévoit un renforcement de ses pouvoirs. Ses 18 commissions spécialisées siègent à Bruxelles, et il tient une session ordinaire par mois à Strasbourg.
• **le Comité économique et social.** Situé à Bruxelles, il réunit 189 représentants des employeurs, syndicats et professions indépendantes. Son rôle auprès de la Commission est consultatif.
• **la Cour de Justice européenne.** Siégeant à Luxembourg, ses décisions en matière de droit communautaire prévalent sur celles des justices nationales. Elle peut être saisie par les Etats membres, les institutions ou les particuliers.
• **la Cour des Comptes.** Dans le Traité de Maastricht, son rôle auprès des autres institutions s'accroît, en particulier en fournissant au Parlement européen et au Conseil des informations sur la "fiabilité des comptes, la régularité et la légalité des opérations" afférant aux comptes de la Commission et en les assistant dans leur fonction de contrôle et d'exécution du budget.

Un article de *Trait d'Union*

Etudes linguistiques – 3

A. Cherchez dans ce que vous venez de lire les expressions qui équivalent à ces mots ou à ces expressions anglais. Notez-les bien, puis apprenez-les.

each and every one of us   in the face of   to go against the tide
with full knowledge of the facts   men and women of good will   How could it be otherwise?
as for us

B. Encore le subjonctif

Regardez bien cette phrase qu'on trouve dans le texte que vous venez de lire :
C'est le plus beau des projets que nous puissions apporter à nos enfants...
Il s'agit ici du subjonctif employé après un superlatif ou une expression de valeur. En voici d'autres exemples :
C'est le meilleur film qu'on ait tourné cette année.
Ils habitent la plus jolie ville que j'aie jamais visitée.
C'est la plus belle femme qu'on puisse imaginer.
Il a été le seul qui n'ait pas répondu à toutes les questions.
Inventez d'autres phrases semblables.

Relisez le texte et trouvez d'autres emplois du subjonctif
• après des locutions conjonctives (*pour que, afin que*)
• après *souhaiter que* (qui exprime une attitude)

C. L'Impératif

Pour donner un ordre on utilise généralement une forme du temps présent :
donne donnons donnez
va allons allez
finis finissons finissez
réponds répondons répondez
prends prenons prenez
(Notez que dans les verbes comme *donner* et *aller* on supprime le *s* final de tu *donnes* et tu *vas* pour former l'impératif. Dans les autres verbes on le conserve.)
Trois verbes ont une forme irrégulière de l'impératif qui correspond au subjonctif :

aie	ayons	ayez	(avoir)
sois	soyons	soyez	(être)
sache	sachons	sachez	(savoir)

Regardez encore la dernière phrase de l'éditorial de *Trait d'Union*, qui commence *Sachons que...*
Puis, en travaillant avec un ou deux partenaires, donnez-vous des ordres les uns aux autres.

D. Le conditionnel

Dans le texte que vous venez de lire cherchez tous les exemples de l'emploi du conditionnel (le texte *devrait* être disponible... Nous ne *saurions* pas conseiller...) et traduisez-les en anglais.
Vous trouverez aussi un exemple du futur antérieur du passé : Nous *aurions souhaité* que...

Etudes idéologiques – 3

Résumez en une seule phrase l'idée-maîtresse de ce texte. Puis rédigez une liste des arguments employés pour soutenir cette thèse.

Est-ce que vous êtes tout à fait d'accord avec ces arguments ou existe-t-il d'autres arguments contre le Traité de Maastricht ?

Madame Garriaud-Maylam parle des « tragédies qui se déroulent à nos frontières orientales ». Puisque ces tragédies se sont produites par des unions politiques qui sont en train de se défaire, est-ce qu'elle a raison de souhaiter que l'union politique européenne se fasse plus rapidement ? Justifiez votre opinion.

Ecoutez et écrivez

Ecoutez sur la cassette une partie de l'interview de Joëlle Garriaud-Maylam où Tony lui a demandé d'expliquer les différences qu'elle trouve entre la Française et l'Anglaise. Ecoutez sa réponse, puis écrivez-la en français. Sa réponse a été enregistrée deux fois pour faciliter votre tâche. Si vous connaissez des Français ou des Françaises de votre âge, décrivez les différences que vous constatez dans leur comportement ou leurs attitudes. Croyez-vous que les attitudes des jeunes diffèrent de celles des personnes plus mûres ?

Traduisez en anglais

Relisez la section de l'éditorial de *Trait d'Union* que nous avons marquée par des étoiles (*), puis traduisez-la en anglais.

Curiosités

Les grenouilles se mangent souvent en France, mais rarement en Angleterre.
Est-ce que ça veut dire que les grenouilles françaises sont moins civilisées que leurs confrères d'outre-Manche ? Bien sûr que non ! Voici une autre façon d'exprimer la même chose :
On mange souvent les grenouilles en France, mais rarement en Angleterre.
On emploie donc la forme réfléchie d'un verbe pour exprimer un passif. En voici d'autres exemples qui sont, à première vue, assez curieux :
Ce vin doit se boire frais.
Chez lui les légumes se vendent très cher.
Après le dîner on a vu s'allumer beaucoup de cigares et de cigarettes.
Des arbres s'abattent tous les jours.
Cette symphonie s'entend pour la première fois ce soir.
Comment ça se fait ?
Comment ça se dit ?
Son nom s'écrit avec un H...
En général, *w* se prononce *v* en français.
Comment aurait-on pu exprimer ces idées de façon différente ?

Les grenouilles se mangent...

69

Exercices détaillés

Voici quelques petites phrases à traduire en français.
1. It's the best job I could get. 2. I was the first person she saw. 3. It will be the only house in the street which has a red door. 4. You would have thought they were sisters. 5. If you had telephoned first I would have been ready. 6. If you'd shouted, he would have turned round. 7. Let's go to that restaurant we went to last week. 8. Sit down over there. 9. Have the patience to wait a few minutes. 10. Let's write to each other every week.

Le mot juste

Traduisez en français

For Joëlle Garriaud-Maylam, the ideal Europe would be a Europe in which each nation would have a perfect understanding and tolerance of all the other nations with their special characteristics. Each country would respect the national identity of of the others. Madame Garriaud-Maylam would not expect the French language to die out as it is an essential part of her culture.

She sees Europe as a plus rather than a minus, a means of giving another dimension to national identities and even of strengthening them by means of friendly links with the other nations.

European citizenship would be added to national citizenship and would so enrich the life of each member of the European Community.

Voici une série de phrases que nous avons traduites en anglais. Dans chaque traduction il y a un mot qui n'est pas tout à fait celui qu'il faudrait. Cherchez donc dans tous les cas le mot juste. Faites bien attention — quelquefois la traduction est incorrecte, mais quelquefois c'est simplement qu'on aurait pu trouver une traduction plus élégante.

1　**J'ai parcouru toute la ville pour trouver une cravate qui s'accorde à mon costume neuf.**
　　I ran through the whole town to find a tie to match my new suit.
2　**Il te faut mettre le couvert avant d'apporter le plat.**
　　You should put the lid on before bringing in the dish.
3　**Savez-vous où il habite ? – Non, je l'ignore, parce qu'il ne me plaît pas du tout.**
　　Do you know where he lives? – No, I ignore him, because I don't like him at all.
4　**Je n'ai pas fait mon service militaire. J'ai été réformé parce que je suis myope.**
　　I didn't do my national service. I was retrained because I am short-sighted.
5　**Le vieillard qui supporte mal les longs voyages a eu mal au cœur.**
　　The old man who has trouble coping with long journeys had a heart attack.

Et maintenant faites la même chose pour ces phrases que nous avons traduites en français :
1　**Tomorrow the exam results will be posted in the main hall.**
　　Demain on va annoncer les résultats de l'examen dans la grande salle.
2　**I think I will probably fail my exam.**
　　Je pense que je manquerai probablement mon examen.
3　**I saw the thief run off into the distance.**
　　J'ai vu le voleur s'écarter en courant.
4　**If we hear the alarm bell, we have to assemble on the deck.**
　　Si nous entendons la sonnette d'alarme, nous devons nous ressembler sur le pont.
5　**He promised to bring a friend with him.**
　　Il a promis d'emmener un ami avec lui.

Trouvez mieux !

Voici une série de phrases qui ne sont pas du tout incorrectes, mais qui sont bien susceptibles d'être améliorées. Trouvez donc une meilleure façon d'exprimer la même pensée; dans chaque cas il s'agit d'éviter l'expression *Je pense que.*

1   Je pense qu'une Europe unie n'est pas pour aujourd'hui.
2   Je pense que tout le monde devrait savoir parler deux langues.
3   Je pense que le gouvernement de chaque pays devrait être souverain.
4   Je pense que c'est la Communauté européenne qui a conservé la paix en Europe pendant un demi-siècle.
5   Je pense que tes attitudes sont moins européennes que les miennes.

Résumé

Lisez d'abord ce passage, puis résumez-le en français.

S'il y a une résistance à la Communauté européenne parmi les habitants des douze pays-membres, Madame Garriaud-Maylam croit que c'est une responsabilité partagée. C'est à la fois une responsabilité de la part de la Commission à Bruxelles qui donne trop souvent des documents difficilement indigestes mais c'est aussi la faute des médias qui ne cherchent à voir que le mauvais côté des questions européennes.

Un jour Madame Garriaud-Maylam a appelé un journal anglais pour inviter les journalistes à assister à une conférence de presse qu'elle devait organiser pour le Parlement européen sur la ratification du Traité de Maastricht. A peine a-t-elle eu le temps de dire « Europe » à la jeune journaliste qui répondait à son appel que celle-ci lui a coupé la parole en disant « Oh, mais si c'est l'Europe, ça ne nous intéresse absolument pas ». Ce disant, elle a raccroché.

Même s'il faut écrire un journal en fonction de l'opinion publique et pour plaire à la clientèle, Madame Garriaud-Maylam est convaincue que la presse britannique a tort d'insister sur ce qui ne va pas dans la Communauté européenne au lieu d'insister sur le côté positif des choses.

Thèmes de discussion ou de dissertation

A. Travaillez avec un partenaire pour établir un dialogue sur la question de la responsabilité des journaux d'informer le public. Est-ce que tous les journaux s'adaptent à leurs lecteurs ? Faites une comparaison entre des journaux différents. Après, vous rédigerez chacun une version de ce que vous avez discuté. Enfin vous pourrez comparer et, s'il y a lieu, corriger les deux versions ensemble.

Voici quelques questions pour vous aider :
Est-ce la faute des journalistes si le public ne s'intéresse pas aux questions politiques sérieuses ?
Comparez des journaux sérieux et populaires.
Est-ce que vous croyez toujours ce que vous lisez dans les journaux ?
Pourquoi les lecteurs semblent-ils préférer le mauvais aspect des choses ?

B. Discutez maintenant la question du référendum politique. Madame Garriaud-Maylam nous a dit dans une partie de son interview que vous n'avez pas entendue que c'était une grosse erreur d'avoir un référendum en France sur le Traité de Maastricht.

Voici quelques questions pour vous aider :
En Angleterre on se sert très rarement des référendums. Pourquoi ?
Dans des questions d'état importantes, qui devrait prendre les décisions – le peuple ou ses élus ?
Comment pourriez-vous voter dans un référendum sur le Traité de Maastricht si vous ne compreniez pas les documents publiés par le gouvernement ?

C. Croyez-vous que les Français qui vivent au Royaume-Uni doivent apprendre le français à leurs enfants nés au Royaume-Uni ? Est-ce que cela empêche les enfants de s'intégrer complètement dans le pays où ils vivent ?

D. Madame Garriaud-Maylam a dit qu'il y a seulement 22 femmes sur 150 élus au Conseil Supérieur des Français à l'étranger. Pourquoi y a-t-il toujours moins de femmes que d'hommes qui jouent un rôle politique important ? Est-ce la faute des hommes, ou est-ce la faute des femmes elles-mêmes ? Qu'est-ce qu'on peut faire pour améliorer cette situation ? (Si vous croyez que la situation n'a pas besoin d'être améliorée, expliquez pourquoi.)

Simone Veil, Président du Parlement européen 1979-1982

DOSSIER 6

Dominique Paris

Dominique Paris est directeur-général de la société Messier-Bugatti qui fabrique des trains d'atterrrissage, des roues, des freins et des systèmes hydrauliques pour les avions. Messier-Bugatti est une des filiales du groupe SNECMA. Messier-Bugatti, dont le siège social est à Vélizy, près de Paris, a deux usines, la plus grande se trouvant à Bidos près des Pyrénées et l'autre à Molsheim en Alsace.

Après la prochaine fusion de Messier-Bugatti avec la société Dowty Aerospace Landing Gear, filiale de TI plc, Dominique Paris sera chef d'opérations de la société Messier-Dowty. Monsieur Paris est à la fois ingénieur diplômé et homme d'affaires international. S'étant rendu aux Etats-Unis pour y terminer ses études supérieures, il a entrepris sa carrière en France ; mais à l'avenir il travaillera aussi en Angleterre et il se rendra certainement en déplacement en Amérique, car la société Dowty a deux usines au Canada et des unités dans beaucoup d'autres pays.

Nous sommes allés lui parler à Gloucester le 2 mars 1994. Ecoutez maintenant la cassette pour entendre ce qu'il nous a dit. Nous recommandons que vous écoutiez au moins trois fois avant de répondre aux questions qui suivent. Daphne lui a demandé de nous parler de l'histoire de la société Messier-Bugatti.

concurrent (m) – competitor
fusionner – to merge
réparti – divided
se relever – to recover
siège social (m) – head office
sous-traitance (f) –
     sub-contracting
subvention (f) – subsidy
train d'atterrissage (m) –
     landing gear
vétuste – dilapidated

1 When did Monsieur Messier found his company, and what did they make?
2 What decision was taken a few weeks before this interview?
3 How does a French company come to include the Italian word *Bugatti* in its name?
4 What does Dominique Paris tell us about SNECMA?
5 Why was Bidos chosen as the site for a new factory before the Second World War?

1 Pourquoi la société Bugatti est-elle devenue célèbre pendant les années vingt et trente ?
2 Pourquoi la société Bugatti a-t-elle changé d'activité après la deuxième guerre mondiale ?
3 Quel travail font les employés de Messier-Bugatti à Vélizy ?
4 Où se trouve Montrouge ?
5 Pourquoi a-t-on choisi d'implanter la société Messier-Bugatti à Vélizy ?

Etudes linguistiques – 1

A. Voici quelques expressions employées par Dominique Paris.
Quel en est le sens en anglais ?
dans les années vingt
tout dernièrement
à l'époque
toutes proportions gardées
à une quinzaine de kilomètres

B. Notez la façon dont Monsieur Paris a employé les temps des
verbes, notamment le passé composé, l'imparfait et le
plus-que-parfait. Regardez ces exemples :
Monsieur Messier a fondé la société...
Cette idée est née...
Cette entreprise ne s'est pas relevée...
Ici il emploie le passé composé parce qu'il parle d'un moment
précis dans le passé; c'est-à-dire qu'on pourrait préciser le
moment où, par exemple, on a créé la société.
L'Alsace, à l'époque, était allemande...
M. Ettore Bugatti, qui était le fils d'un immigrant...
On parle ici aussi d'un moment précis, mais le verbe exprimé à
l'imparfait ne se refère pas à ce moment : au moment dont un
parle, c'est-à-dire le moment de la création de la société, l'Alsace
était *déjà* allemande, et Monsieur Bugatti était *déjà* fils d'un
immigrant – on parle d'un état de choses qui existait, et non pas
d'une action qui a eu lieu au moment dont on parle.
Il a fondé la société – il avait eu l'idée...
Il y avait d'autres concurrents qui avaient émergé...
Là encore on parle de deux moments précis, mais c'est le moment
de la création de la société (ou, dans le second cas, la période de
l'après-guerre) ; on ne parle ni du moment d'avoir l'idée ni celui de
l'émergence des concurrents. Mais cette fois on emploie le
plus-que-parfait pour *avait eu* et *avaient émergé* parce qu'il s'agit
de deux actions qui ont eu lieu avant le moment dont on parle, et
non pas d'un état de choses.

C. Le subjonctif

Dominique Paris a dit « Je ne considère pas que ce soit
essentiel ». S'il avait voulu dire le contraire, il aurait dit cependant
« Je considère que c'est essentiel ».
Il en est de même pour les verbes *croire* et *penser* : après le
négatif on emploie le subjonctif, mais quand il s'agit d'une
proposition affirmative on emploie l'indicatif du verbe.

Etudes idéologiques – 1

Malgré le fait que le siège
social de 75 % des sociétés
françaises se trouve à Paris,
Dominique Paris a dit « Il y a
de grandes sociétés qui vivent
loin de Paris et c'est bien ».
Quels sont les avantages et les
inconvénients pour une société
qui s'installe dans la capitale,
que ce soit Paris ou Londres ?
S'il s'agit d'une société
franco-britannique, quels
désavantages y aurait-il à avoir
un siège social en Angleterre
près de Gloucester et un autre
en France à quelque distance
de Paris ?

Lisez et écoutez

Ecoutez maintenant un nouvel
extrait de notre interview avec
Dominique Paris. Cette fois
nous l'avons transcrit afin que
vous puissiez étudier plus
étroitement ce qu'il a dit. Nous
vous conseillons cependant de
bien écouter la bande au moins
deux fois avant de lire la
version écrite. Daphne a
demandé à Dominique Paris
depuis combien de temps il
travaillait chez Messier-Bugatti.
Voici sa réponse :

« Personnellement je suis chez Messier-Bugatti depuis le premier janvier 1991, donc ça fait trois ans et demi, ou un petit peu plus de trois ans, mais je suis dans le groupe SNECMA depuis 1972, donc je suis dans l'aéronautique depuis largement plus de vingt ans. »

Voudriez-vous nous raconter un peu votre carrière personnelle ?

« Certainement. J'ai une formation d'ingénieur, pas aéronautique du tout, d'ingénieur de télécommunication... »

En France ?

« En France... que j'ai complétée par un Master de Quantum Mechanics aux Etats-Unis. Quand je suis revenu en France j'ai travaillé d'abord au Commissariat de l'énergie atomique pendant trois ans, à faire de la recherche fondamentale, puis j'ai bifurqué vers l'informatique, le conseil en gestion, et c'est par cette porte-là que je suis rentré dans le groupe SNECMA en 1972, où j'ai d'abord fait de la gestion de production, dans l'usine de Corbeil, puis à partir des années du début des années quatre-vingts j'ai rejoint le siège social de la SNECMA à Paris pour m'occuper de contrôle de gestion, planification. Ensuite j'ai pris la responsabilité de l'ensemble des programmes de moteurs civils à la SNECMA, donc en particulier toute la coopération avec General Electric, puisque la SNECMA a une politique indépendante pour les moteurs militaires pour des raisons essentiellement de défense nationale, mais une politique d'association avec General Electric aux Etats-Unis pour tous les moteurs civils, donc j'étais responsable à la SNECMA pendant cinq ans de cette grosse moitié de l'activité SNECMA, que j'ai quittée donc en janvier 91 pour rejoindre Messier-Bugatti. »

Pourquoi avez-vous choisi de faire des études aux Etats-Unis ?

« Je crois que c'était pour, en quelque sorte, le plaisir du dépaysement, le plaisir de voir autre chose... Egalement le fait d'avoir aux Etats-Unis des universités de très haut niveau, bien entendu... J'étais à l'université d'Illinois qui est une très très bonne université pour la physique... Mais j'aurais pu obtenir un enseignement de même niveau, par exemple à la faculté d'Orsay, à côté de Paris, mais je préférais aller passer un an aux Etats-Unis, bah, d'une part pour perfectionner mon anglais – ou en tout cas mon américain – et pour voir autre chose. »

au sein de – within
bifurquer – to branch off
conseil en gestion (m) –
       management consultancy
courant – current, in hand
dépaysement (m) – change of
       scenery
en cours – current, in hand
état-major (m) – senior
       management
faire le point – to take stock
       of, review
informatique (f) – information
       technology
matériel (m) – equipment
milieu familial (m) – family
       circle
planification (f) – planning
politique (f) – policy
remuer – to move

Dominique Paris, le jour de notre interview

75

Quelles influences avez-vous subies en Amérique ? Comment cela vous a formé, pensez-vous ?

« Je crois que ça a une double influence lorsqu'on n'a pas pu... jusque-là je n'avais pas beaucoup quitté mon milieu familial et la douce France... je crois que ça a une double influence, ça a l'influence de n'importe quel séjour de longue durée dans un pays étranger, c'est-à-dire de s'ouvrir à la différence, de comprendre concrètement qu'il y a des gens qui vivent autrement, qui parlent autrement, qui ont des préoccupations différentes, qui ont des façons d'être différentes, qui ont des modes de vie différents... et puis de façon plus précise, de connaître le milieu américain, le milieu universitaire américain... la vie sur un campus américain, c'est spécial, c'est pas la vie aux Etats-Unis, c'est la vie sur un campus américain, ce qui est une certaine version de la vie aux Etats-Unis, qui est fascinante quand on a vingt ans. »

Est-ce qu'il y a eu des choses qui vous ont choqué peut-être, dans le mode de vie américain, en tant que bon Français ?

« Oh, en dehors de l'absence du camembert, non ! »

Alors, parlons de votre vie actuelle. Quel est votre rôle exact dans... au sein de la société ?

« Aujourd'hui je suis Directeur-Général de Messier-Bugatti, chargé en particulier des opérations, c'est-à-dire que j'ai la responsabilité de la production, des programmes, de la vente, de l'après-vente, du développement des nouveaux matériels, et le Président Béchat a gardé la responsabilité directe des problèmes de relations avec le personnel, des problèmes financiers, des problèmes stratégiques. »

D'accord. Alors est-ce que vous pourriez nous décrire un tout petit peu une semaine typique dans votre vie de travail – par exemple cette semaine, si vous voulez.

« Une semaine typique ? C'est... au moins une réunion de coordination avec l'ensemble de l'état-major de la société pour faire le point des affaires en cours, pour échanger des informations, pour voir quels sont les principaux problèmes courants; et puis, suivant les semaines, des occupations assez différentes... souvent une visite dans une des deux usines, à l'heure actuelle, bien entendu, beaucoup de visites en Angleterre pour mettre au point notre coopération avec Dowty, des visites à l'étranger pour voir nos clients, chez Boeing, des visites à Toulouse chez Airbus, et puis, malheureusement, comme dans beaucoup de sociétés, beaucoup de papiers à remuer, beaucoup de choses à lire, beaucoup d'informations dont il faut prendre connaissance... »

C'est-à-dire que vous faites des heures supplémentaires – à la maison, peut-être ?

« Oh, oui, malheureusement, oui. »

Vous avez le temps pour les loisirs ?

« J'essaie d'en conserver un petit peu certains week-ends, oui... C'est pas toujours possible. »

Est-ce que vous souffrez du stress, parce qu'on dit que la vie d'un industriel aujourd'hui, un directeur-général, est très stressant... Est-ce que c'est exact ?

« C'est certainement... Je ne sais pas si je souffre du stress, je souffre certainement de... enfin je ressens comme quelque chose de pénible de travailler trop, je considère que je travaille trop, je préférerais vivre en travaillant moins, mais je ne sais pas si je suis pour autant stressé. Mes amis me disent que je passe à travers le stress sans le ressentir, donc... »

1 What was Dominique Paris's first job?

2 How did he come to join SNECMA?

3 What exactly did he do just before he joined Messier-Bugatti?

4 What different reasons does he give for choosing to study in America?

5 What are Dominique Paris's special responsibilities at Messier-Bugatti?

1 Quel a été le premier travail de Dominique Paris à la SNECMA ?

2 Quel profit Dominique Paris a-t-il tiré de son séjour aux Etats-Unis ?

3 Qu'est-ce qui a manqué à Dominique Paris quand il habitait les Etats-Unis ?

4 Qu'est-ce que Dominique Paris doit faire toutes les semaines qui ne semble pas lui faire plaisir ?

5 Comment Dominique Paris aimerait-il changer sa vie ?

Etudes linguistiques – 2

A. Au cours de ses réponses Dominique Paris a employé les termes suivants. Vérifiez dans votre dictionnaire quelle en est la signification exacte, puis cherchez d'autres mots qui ont plus ou moins le même sens. S'il existe une légère différence, notez bien de quoi il s'agit. Après avoir trouvé ces mots vous les apprendrez, bien sûr, et vous essayerez de vous en servir le plus tôt possible.

largement

la gestion

d'abord

compléter

considérer

bien entendu

autrement

le début

B. Voici quelques expressions que Dominique Paris a employées. Vérifiez leur sens dans votre dictionnaire avant de les traduire en anglais et de les apprendre.

en quelque sorte

en dehors de

au sein de

à l'heure actuelle

pour autant

passer à travers

C. Dominique Paris a dit « Je suis chez Messier-Bugatti depuis le premier janvier 1991 » et « Je suis dans l'aéronautique depuis largement plus de vingt ans. » Pourquoi met-il le verbe au temps présent quand on dirait en anglais *I have been...* ? Rappelez-vous qu'on peut dire aussi en français « Ça fait un an que je suis ici » ou « Il y a un an que je suis ici ».

Comment traduit-on en anglais alors « Je *travaillais* en France depuis plusieurs années quand j'ai rejoint Messier-Bugatti » ?

D. Vous savez sans doute que le participe passé d'un verbe conjugué avec *être* s'accorde en genre et en nombre avec le sujet du verbe (Ex : Quand je suis revenu en France..., Je suis rentré dans le groupe SNECMA).

Rappelez-vous que le participe passé d'un verbe conjugué avec *avoir* s'accorde avec son objet direct **lorsque cet objet le précède** (Ex. ...une formation que j'ai complétée, l'activité que j'ai quittée..., Quelles influences avez-vous subies ?).

Etudes idéologiques – 2

Dominique Paris a dit qu'il a choisi de compléter ses études aux Etats-Unis pour « le plaisir de voir autre chose, etc ».

Est-ce que vous pensez comme lui qu'un long séjour à l'étranger ouvre l'esprit d'une jeune personne sur le monde ? Si vous avez déjà visité un pays étranger, cherchez à expliquer à quelqu'un, ou bien à vos camarades de classes, le profit que vous en avez tiré. Quelles différences avez-vous remarqué avec la vie chez vous ?

Connaissez-vous des gens qui, quoiqu'ayant passé une longue période de temps à l'étranger, ont l'esprit plutôt borné ? Connaissez-vous aussi des étrangers qui habitent depuis longtemps au Royaume-Uni mais qui ont quand même gardé leurs idées traditionnelles ? N'est-ce pas peut-être le cas que, si on veut profiter du voyage, il faut bien vouloir en profiter ?

Dominique Paris n'est pas très sûr s'il souffre ou non du stress. Pourquoi parle-t-on si souvent des problèmes causés par le stress dans la vie moderne ? Qu'est-ce qu'il faut faire pour éviter le stress ?

Dominique Paris et Daphne Jenkins

Lecture

Vous avez entendu Dominique Paris parler de la coopération entre la SNECMA et General Electric aux Etats-Unis, et dans une partie de l'interview que vous n'avez pas entendue, il a parlé aussi de la fusion entre Messier-Bugatti et la société anglaise Dowty Aerospace Landing Gear pour créer la nouvelle société Messier-Dowty. Voici un article paru dans l'*EVENEMENT DU JEUDI* qui parle de coopérations franco-asiatiques. Lisez-le avec beaucoup d'attention et puis répondez aux questions qui suivent.

Industrie :
les bonnes surprises du « péril jaune »

Un coréen, Samsung, est sur les rangs pour reprendre Grundig à Creutzwald (Moselle). Des Chinois de Hong-Kong ouvrent une usine dans la Sarthe. Les ouvriers français sauvés du chômage font les yeux doux à ces bons Samaritains.
Au grand dam de nos parlementaires.

Dans deux petites villes de France, au moins, on ne grogne pas contre les pays asiatiques. A Creutzwald, en Moselle, à Sablé-sur-Sarthe, dans la Sarthe, les habitants n'ont pas joint leurs voix au choeur des clameurs protectionnistes. Ils n'accusent pas Hong-Kong ou la Corée de détruire les emplois des Français. Ils ne leur reprochent pas de faire à la France une concurrence déloyale avec leur main-d'oeuvre bon marché. Au contraire.

Après avoir touché le fond du désespoir, Creutzwald voit la sortie du tunnel : l'usine de téléviseurs de Grundig était destinée à être fermée, au risque de laisser 880 salariés sur le carreau. Elle a peut-être trouvé un repreneur: Samsung, premier groupe industriel coréen, à la tête de sept implantations dans d'autres pays européens.
« *Samsung fabrique déjà des récepteurs en Grande-Bretagne,* explique Christian Paillot, président de Samsung Electronics France, *mais il souhaite en vendre beaucoup plus en Europe.*

---

affluer – to pour in
bas de gamme – bottom of the range
composant (m) – component
Corée (f) – Korea
dirigeant (m) – manager

grogner contre – to grumble at
inlassablement – untiringly
main d'œuvre (f) – work force
mensuel (m) – monthly journal
montant (m) – sum, total

D'où son intérêt pour Grundig. »

* Dans la Sarthe, le bon Samaritain de l'emploi est également asiatique. Le 25 juin dernier, Sablé inaugurait dans sa zone industrielle une belle usine de téléviseurs toute neuve, entourée de pelouse. La deuxième d'un petit groupe français, Kaïsui, qui concurrence Thomson et Philips en produisant depuis cinq ans des postes bas de gamme vendus dans les supermarchés. Dès l'an passé, la nouvelle de la construction d'une seconde usine et de l'embauche de 150 personnes à Sablé s'était répandue comme une traînée de poudre dans la Sarthe. Les candidatures avaient afflué par dizaines, puis par centaines. Lorsque le mensuel des chômeurs *Rebondir* en a parlé dans ses colonnes, les CV sont arrivés de toute la France. *« Au total, il y en a bien eu 4 000 »*, explique le directeur de l'usine, Jean-Marc Chauveau. A Sablé, lorsque par hasard on rencontre des Chinois en ville ou au supermarché, on ne les regarde pas de travers. *

Car, pour ouvrir cette seconde unité de production, le patron de Kaïsui, Pierre Besnainou, a créé une société avec le plus grand groupe électronique de Hong-Kong,

Great Wall. *« Les dirigeants ont été faciles à convaincre. Ils savent que, pour vendre en Europe, il faut produire en Europe. »*

Alors que les industriels français trouvent la main-d'oeuvre trop chère en France et disent ne pas pouvoir tenir face à la concurrence des pays en développement, Great Wall n'a pas été rebuté par le montant des salaires français. Pas plus que les autres Asiatiques, de plus en plus nombreux à s'implanter en Europe. Pour vendre. Car la vraie motivation d'une délocalisation, c'est la conquête du marché.

Naturellement, les industriels français reprochent à Pierre Besnainou d'être le cheval de Troie de la concurrence asiatique en France : il se contenterait de gérer des « usines tournevis », c'est-à-dire de faire assembler en France du matériel étranger. Le jeune chef d'entreprise répond que ses téléviseurs, montés en France, sont largement français. Les châssis viennent de Tunisie et de Chine, mais les tubes, autrement dit le coeur même du téléviseur, sont achetés à... Thomson. Or Thomson emploie 34 % de ses effectifs en Chine, en Malaisie, à Singapour. *« Les Asiatiques ouvrent des usines en France,*

les Français en Asie. Les uns et les autres s'achètent mutuellement des composants. C'est cela la mondialisation de l'économie », résume un économiste.

En France, on n'en est pas à une contradiction près. Tandis que certains parlementaires, poussés par les industriels, multiplient les campagnes à tonalité protectionniste, la Datar (Délégation à l'aménagement du territoire et à l'action régionale) essaie inlassablement de persuader les investisseurs étrangers de s'installer en France plutôt que chez les voisins européens.

Au besoin, pour les convaincre, de substantielles subventions leur sont proposées. Ainsi la France accueille-t-elle déjà deux implantations industrielles taiwanaises, cinq chinoises de Hong-Kong et cinq coréennes. Sans compter les pionniers, les Japonais, qui ont 164 usines. Le coréen Daewoo, qui doit construire une unité de production de téléviseurs à Longwy, en Lorraine, va bénéficier pour cela de 225 millions de francs d'aide sur trois ans. Les industriels français de l'électronique protestent. La Datar est satisfaite.

Jacqueline de LINARES

1 Who approves and who disapproves of the Chinese and Korean investment in France?

2 What are we told about the firm Samsung?

3 How does Kaïsui compete with Thomson and Philips?

4 What was the response to the magazine *Rebondir*'s reference to the need for staff at a new factory in Sablé?

5 Why was the management of the *Great Wall* company happy to open a factory in France?

1 Pourquoi beaucoup d'ouvriers français font-ils bon accueil aux asiatiques qui s'implantent en France ?

2 Pourquoi Pierre Besnainou n'accepte-t-il pas les reproches des industriels français ?

3 Quel est le jugement porté par un économiste sur la coopération franco-asiatique ?

4 Comment est-ce que les Français encouragent les étrangers à s'implanter en France ?

5 Quelle raisons ont les industriels français de l'électronique d'être mécontents ?

Etudes idéologiques – 3

Diriez-vous que, d'après cet article, tout le monde suive son intérêt personnel plutôt que l'intérêt national ? Est-ce qu'il est possible d'être vraiment altruiste si on est industriel ou dans les affaires ?

Dans cet article, l'auteur parle des gens qui s'opposent à l'installation en France de sociétés étrangères, mais elle parle aussi des bienfaits qui peuvent en résulter. Lisez encore l'article, puis dressez deux listes, une pour et l'autre contre cette installation.

Etudes linguistiques – 3

A. Voici quelques idiomes employés par Jacqueline de Linares. En vous servant de votre dictionnaire déterminez quel en est le sens littéral et puis quel en est le sens figuré.

être sur les rangs	se répandre comme une	une usine tournevis
faire les yeux doux à...	trainée de poudre	on n'en est pas à une
au grand dam de	être le cheval de Troie (de la	contradiction près
regarder de travers	concurrence)	à tonalité protectionniste
sur le carreau		

B. Notez la construction des verbes suivants employés par Jacqueline Linares, puis apprenez-les :

Il se contenterait de gérer

La Datar essaie de persuader les investisseurs étrangers de s'installer en France.

Un train d'atterrissage

C. Etudiez l'emploi des prépositions dans l'article de l'*EVENEMENT DU JEUDI* en notant quand l'usage serait différent en anglais.

Pour chaque phrase nous donnons la traduction anglaise probable de la préposition qu'elle contient. Vous remarquerez que dans certains cas on ne traduit pas la préposition du tout ; dans ces cas nous donnons la traduction de la phrase complète.

à	à Creutzwald – in	**chez**	**chez** les voisins – in (a	**depuis**	**depuis** cinq ans – for
	faire les yeux doux **à** – at		neighbouring country)	**dès**	**dès** l'an passé – since
	au grand dam – to	**contre**	on ne grogne pas	**en**	**en** Moselle – in
	au contraire – on		**contre** – at		**en** ville – in
	à convaincre – to	**dans**	**dans** la Sarthe – in		des pays **en** développe-
	achetés **à** Thomson	**de**	des Chinois **de** Hong		ment – developing countries
	– from		Kong – from	**par**	**par** dizaines – in
	à tonalité protectionniste		au grand dam **de** nos		**par** hasard – by
	– with		parlementaires – of		rebuté **par** – by
	délégation **à** l'aménage-		Ils n'accusent pas Hong	**pour**	**pour** reprendre – (in
	ment du territoire et **à**		Kong **de** – of		order) to
	'action régionale – for		**d'**où – hence		**pour** cela – for
	au – if (need be)		entourée **de** – by	**sans**	**sans** compter – without
après	**après** avoir touché – after		**de** plus en plus nombreux	**sur**	**sur** le carreau – on
avec	**avec** le plus grand groupe		– more and more		**sur** trois ans – over
	électronique – with		numerous		
			il se contenterait **de** – to		

Voici d'autres exemples de ces prépositions. Notez-les bien et traduisez-les en anglais.

à	un à un	**d'après**	D'après mon père,		en mer
	à pied		je ne devrais pas boire		en quelques mots
	payer à l'heure		du vin tous les jours.		en même temps
	écrire au stylo	**de**	le car de Lyon	**par**	regarder par la fenêtre
	à mon avis		d'une voix sèche		apprendre par cœur
	à la rigueur		d'un côté de la rue et de		par nécessité
	à ce qu'il semble		l'autre		par un beau jour d'été
	voir à la lumière d'une		de nos jours		par ici
	bougie		de toutes mes forces		par suite de ce désastre
	Tu me reconnaîtras à ma		Il est espagnol de	**pour**	Pour moi, c'est une
	robe rouge		naissance		grande joie
chez	Chez elle, c'est une		battre des mains	**sans**	Sans moi, il serait tombé
	obsession		Tu dois le connaître de vue		dans le trou
contre	Mon ami est fâché	**depuis**	depuis le bout de la	**sur**	La police l'a intérrogé sur
	contre moi		rue, je vois ma maison		le crime
dans	prendre dans sa poche	**dès**	dès le début de l'année		Il s'est avancé sur un
	Je bois mon chocolat		dès demain		signe de son chef
	dans un bol	**en**	en mon nom		Je suis revenu sur mes
	Mon chien me mange		en vente		pas
	dans la main		en paix		
	Cela coûte dans les mille		en famille		
	francs		en permission		

Traduisez en anglais

Relisez la section de l'article que nous avons marquée par des étoiles (*), puis traduisez-la en anglais.

Ecoutez et écrivez

Ecoutez sur la cassette une partie de l'interview de Dominique Paris où Daphne lui a demandé si la privatisation était une bonne chose. Ecoutez sa réponse, puis écrivez-la en français. Ce n'est pas tout le monde qui pense comme Dominique Paris que la privatisation est une bonne chose. Qu'en pensez-vous ? Discutez cette question avec vos camarades en cherchant à établir des arguments pour et contre la privatisation.

Un Airbus A321

Connaissez-vous ce verbe ?

Connaissez-vous le verbe *aller* ? Bien sûr, vous le connaissez. Mais est-ce que vous connaissez toutes les façons de l'employer ? En voici quelques-unes que vous ne connaissez peut-être pas encore :
Allez, les bleus !
Allons-y !
On y va ?
Ça vous va bien.
Ça va de soi.
Ça va pour l'instant.
Va pour les vacances en France.
Tu vas un peu fort !
Il y va de votre vie.
N'allez pas croire que...
Elle va sur ses cinquante ans.
Ces ciseaux ne vont pas pour couper du carton.
Il en va de même pour ceux-là aussi.
Cherchez dans votre dictionnaire pour vérifier exactement ce que signifie chaque usage. Puis cherchez vous-même d'autres façons de l'employer. Vous verrez que « *aller = to go* » ne dit pas tout !

Curiosités

Tout le monde sait qu'un adverbe est invariable, n'est-ce pas ? Il n'y a pas, par exemple, une forme féminine des mots *lentement* ou *vite*. Mais attendez ! La réponse à cette question, comme presque toujours quand il s'agit de faire une généralisation, devrait être « en principe ».
En réalité, il n'y a cependant qu'une exception à la règle, l'adverbe *tout*, mais on s'en sert si fréquemment qu'il est vraiment important de savoir comment l'employer. Cela dit, il y a bon nombre de Français qui ne sont pas tout à fait sûrs !
Voici la règle :
Tout est normalement invariable. On dit, par exemple, *Il est tout triste* ou *Je suis venu tout seul*.
Devant un adjectif féminin, cependant, *tout* devient *normalement toute*, par exemple *Elle est toute triste* ou *Elle est venue toute seule*.
Si l'adjectif féminin commence par une voyelle ou un *h* muet, cependant, *tout* reste invariable, par exemple *Elle est tout élégante* ou *Elle est tout heureuse*.
Evidemment, dans un cas pareil, il faut savoir distinguer entre *tout* adjectif, *tout* pronom et *tout* adverbe. Comment faire ça ? Eh bien, s'il est possible de mettre le mot *entièrement* au lieu du mot *tout* sans trop changer le sens de ce qu'on dit, c'est un adjectif.
Mais n'est-ce pas curieux ?

Traduisez en français

Lisez bien ce texte, puis traduisez-le en français.

Dominique Paris explained that the purpose of the merger between the French company and the English company was to ensure that both wouold be stonger in the face of international competition. By bringing together technical, production and support teams as well as the after-sales service, there would be greater profitability. Each team would learn from the other so that the best working methods would be adopted.

There would, of course, be some problems because of the differences in culture and philosophy between the French and the British, not to mention language difficulties. However Monsieur Paris was enthusiastic and convinced that the joint venture would be a success.

Exercices détaillés

Voici quelques petites phrases à traduire en français.
1. A house in Paris 2. The boats are hired out by the hour.
3. She recognized me by my voice. 4. One room was converted into a bathroom.
5. We have pens from forty francs upwards. 6. The police questioned him about his behaviour. 7. From day to day.
8. On both sides of the street.
9. In a friendly way. 10. She looks totally bored and thoroughly embarrassed.
11. My mother was quite astonished.

L'usine Messier à Bidos

Bugatti a même donné son nom à un pub !

Le mot juste

Voici une série de phrases que nous avons traduites en anglais. Dans chaque traduction il y a un mot qui n'est pas tout à fait celui qu'il faudrait. Cherchez donc dans tous les cas le mot juste. Faites bien attention — quelquefois la traduction est incorrecte, mais quelquefois c'est simplement qu'on aurait pu trouver une traduction plus élégante.

1   **Pour qu'il puisse acheter la maison nous avons dû lui prêter de l'argent.**
      So that he could buy the house we had to borrow money.

2   **La charge de ce camion était énorme.**
      The cost of this lorry was very great.

3   **Je fais souvent des courses pendant le weekend.**
      I often run races at the weekend.

4   **Ce gâteau est délicieux. Voulez-vous m'en donner la recette ?**
      This cake is delicious. Will you give me the receipt for it?

5   **Il admire la beauté de sa compagne.**
      He admires the beauty of the countryside.

Et maintenant faites la même chose pour ces phrases que nous avons traduites en français :

1   **The soldiers obeyed their colonel's orders.**
      Les militaires ont obéi aux commandes de leur colonel.

2   **I've worked here for twenty years and I really need a change.**
      Je travaille ici depuis vingt ans et j'ai vraiment besoin d'un change.

3   **We are preparing for our examination.**
      Nous faisons des préparatifs pour notre examen.

4   **We live in a five-roomed flat.**
      Nous habitons un appartement de cinq salles.

5   **Keep this photo in memory of me.**
      Gardez cette photo en mémoire de moi.

Trouvez mieux !

Voici une série de phrases qui ne sont pas du tout incorrectes, mais qui sont bien susceptibles d'être améliorées. Trouvez donc une meilleure façon d'exprimer la même pensée.

1   Ces ouvriers en avaient marre de travailler pour rien.
2   C'est une solution qui n'a pas marché.
3   Qu'on voyage en autocar ou par le train, ça m'est égal.
4   Il y a pas mal de raisons à ça.
5   Je suis d'accord avec les gens qui pensent ainsi.

Résumé

Lisez d'abord ce passage, puis résumez-le en français.

Dominique Paris a exprimé l'opinion qu'en Angleterre il y a une certaine presse qui se régale d'essayer d'exacerber les sentiments anti-français. Il trouve cela enfantin parce qu'il pense que les Anglais et les Français sont faits pour s'entendre.
En ce qui regarde la capacité de l'Europe à faire face à la concurrence américaine, Monsieur Paris croit que, malgré les paroles sévères de Boeing sur le support financier dont bénéficie Airbus, la société américaine a une certaine admiration pour la qualité technique des produits d'Airbus parce que ceux-ci sont généralement un peu en avance sur les produits correspondants de Boeing. L'Europe est donc tout à fait à la hauteur des Etats-Unis et n'a rien à redouter de la concurrence américaine.
Dans le secteur des trains d'atterrissage la nouvelle société Messier-Dowty constituera la plus grande entreprise mondiale, ce qui effrayera peut-être les concurrents américains.

Thèmes de discussion ou de dissertation

A. Travaillez avec un partenaire pour établir un dialogue sur la question de la coopération entre les sociétés françaises et anglaises. Prenez chacun une attitude différente. Après, vous en écrirez une version. Enfin vous pourrez comparer et, s'il y a lieu, corriger les deux versions ensemble.

Voici quelques questions pour vous aider :
Quelles seront les dépenses des deux sociétés pour le déplacement des effectifs, les communications, les conseils juridiques, les cours de langues, etc. ?
Quels seront les problèmes causés par le refus de la Grande-Bretagne d'accepter la charte sociale du Traité de Maastricht ?
Quelles sont les plus grandes différences de culture entre les deux nations ? Est-ce l'attitude envers la cuisine, envers la religion et la moralité ou est-ce autre chose ?
Est-ce qu'une grande entreprise est toujours plus efficace qu'une petite entreprise ?
Est-ce que les fusions entraîneront des licenciements, ce qui augmenterait le nombre de chômeurs à un moment où le chômage est le plus grave des problèmes sociaux ?

DOSSIER 7

Le général Philippe Morillon

Le général Philippe Morillon est connu dans le monde entier comme « le héros de Srebrenica », ville de Bosnie où il commandait les troupes de la FORPRONU (Force de protection des Nations unies). Soldat depuis quarante ans, ancien élève de l'Ecole Supérieure d'Electricité ainsi que de l'école militaire de Saint-Cyr, ancien officier de la Légion étrangère, cet homme qui a fait preuve en Bosnie non seulement de son courage devant les forces serbes mais aussi de son humanité devant la souffrance des pauvres gens de l'ex-Yougoslavie reste malgré tout optimiste. Nommé commandant des forces de l'ONU en septembre 1992 – s'étant porté volontaire pour ce poste ! – il a passé dix-huit mois en Bosnie avant d'être remplacé par le général anglais Sir Michael Rose. Sa mission était à la fois de persuader les différentes factions de la guerre civile de cesser de s'entretuer et d'ouvrir un couloir routier et aérien pour que l'ONU puisse fournir les denrées alimentaires et les médicaments dont l'arrivée était essentielle pour sauver de la mort la majeure partie de la population.

Nous sommes allés parler à Philippe Morillon au ministère de la Défense à Paris le 14 mars 1994 – un rare privilège pour nous, car, au lieu d'y trouver un militaire endurci et rempli d'amertume, nous avons découvert un homme extrêmement gentil et sympathique. Tony lui a demandé de nous raconter ce qui s'était passé à Srebrenica.

abri (m) – shelter
à découvert – exposed
affolé – terror-stricken
bouclier (m) – shield
cessez-le-feu (m) – cease-fire
chenilles (f pl) – caterpillar
　　　　tracks
enclave (f) – enclave
　　　　(enclosed piece of land)
fauché – cut down
mandat (m) – mandate
musulman – Muslim
obus (m) – mortar shell
otage (m) – hostage
revanche (f) – revenge
survie (f) – survival

1 Why did the position of Srebrenica make it especially vulnerable?
2 Where and under what conditions were the refugees living?
3 What happened in Sarajevo that might also have happened in Srebrenica?
4 Why did Général Morillon believe it to be essential to avoid a tragedy in Srebrenica?
5 What did the Serbs aim to do in the area around Srebrenica?

1 Qu'est-ce qui explique la très grande violence des combats dans la région de Srebrenica ?
2 Pourquoi le général Morillon croyait-il que le moment était venu de faire venir des observateurs à Srebrenica ?
3 Pourquoi les femmes ont-elles voulu empêcher le général de quitter leur ville ?
4 Pour quelle raison avait-il décidé de partir ?
5 Qu'est-ce que le général Morillon a vu pendant la nuit qui l'a fait retourner à Srebrenica ?

Etudes linguistiques – 1

A. Ecoutez encore la cassette pour trouver les expressions françaises qui traduisent

on both sides

merciless

to set up

at nightfall

under cover of darkness

B. Le subjonctif

Le général Morillon a dit qu'il avait eu l'intention d'ouvrir la route à un certain nombre d'observateurs « qui puissent garantir le respect d'un cessez-le-feu ».

Le général a donc employé le subjonctif après un antécédent indéfini parce que c'est son espoir ou son intention que les observateurs garantissent le respect d'un cessez-le-feu, mais il ne peut pas en être sûr.

Voici d'autres exemples de cet emploi du subjonctif :

Je cherche un chien qui ne fasse pas peur aux enfants.

Nous espérons trouver quelqu'un qui sache parler trois langues.

(Notez que, une fois cette personne trouvée, la construction est différente : Nous avons trouvé quelqu'un qui sait parler trois langues.)

C. Le futur antérieur du passé

Le général Morillon a dit : « Dans Srebrenica ç'*aurait* certainement *été* la même chose. Donc il y avait ce risque d'une tragédie qui *aurait été* fatale pour la poursuite des négociations pour la paix parce que personne n'*aurait accepté* une telle tragédie. »

Il est évident que ces verbes sont formés par le conditionnel du verbe *avoir* plus le participe passé. Qu'est-ce qui se passe quand un verbe est conjugué avec *être* plutôt qu'avec *avoir* ? Inventez des exemples pour prouver que vous connaissez bien l'usage.

Etudes idéologiques – 1

Le général Morillon a justifié son action en parlant de l'*esprit* et de la *lettre* de son mandat. Quelle est donc son interprétation de la façon dont il faut obéir aux ordres ? Etes-vous du même avis ? Quels problèmes pourront se poser à un commandant dans une telle situation lorsque ses supérieurs se trouvent non pas sur les lieux, mais à New York, à une distance de 6 000 kilomètres ? Et quand les troupes qu'il commande sont de diverses nationalités ?

Lisez et écoutez

Ecoutez maintenant un nouvel extrait de l'interview du général Morillon. Cette fois nous l'avons transcrit afin que vous puissiez étudier plus étroitement la forme de ce qu'il dit. Tony lui a demandé ce qu'il pensait au moment où il entrait dans Srebrenica monté sur un char, à la tête du convoi d'aide humanitaire. Voici sa réponse :

« Oui, bien sûr, le fait de pouvoir ramener ce convoi en dépit de toutes les difficultés, c'était un sentiment de grande satisfaction, n'ayons pas peur des mots, de victoire de la volonté sûre et sans avoir eu à employer la force, pas d'autre force que celle de la volonté et l'accueil qui m'a été fait à ce moment-là par ces populations qui étaient désespérées, mais affamées en même temps et pour lesquelles ce qui arrivait avec moi, c'était vraiment le premier signal qu'ils avaient une chance de survivre, ça a été bien sûr très exaltant, mais ça a été rendu possible par le courage d'un officier britannique, mon chef de cabinet Pierre Stocker qui, alors que moi j'étais sur la route en ramenant le convoi, affrontait des milices serbes qui étaient à ce moment-là surexcités, qui étaient prêtes à rentrer avec leurs chars dans Srebrenica et il les a affrontés à poitrine découverte en plaçant le seul engin blindé que nous avions en travers d'un pont, le pont qui séparait la zone serbe de cette enclave musulmane et puis en leur disant, ben, « Tirez-moi dessus si vous osez – Shoot at me if you dare ! » et par cet obstacle matériel éminemment et évidemment dérisoire, car cet engin n'était pas armé, il a empêché le chef de la troupe serbe de franchir ce pont avec ses chars, car ils n'ont pas osé effectivement tirer sur lui et Pierre Stocker a reçu la plus belle décoration qu'un soldat britannique puisse recevoir sur le champ de bataille, il a reçu la Military Cross pour cet acte de bravoure. Voilà Srebrenica. »

Il y a une ligne très fine, n'est-ce pas, entre le courage et la folie ?

« Oui. C'était pas du tout fou de notre part, ç'a a été, ç'aurait pu être perçue comme telle, c'est-à-dire un simple baroud d'honneur, mourir pour sauver l'honneur, c'était… ce n'était absolument pas mon intention, car j'avais la conviction personnelle que cet affrontement des volontés avait toutes les chances de réussir, c'est-à-dire que cette détermination dont nous avons fait preuve à ce moment-là, c'était un défi, bien sûr, mais appuyé par toute la puissance du monde entier que je savais derrière moi et que les Serbes savaient derrière moi. Les Serbes avaient parfaitement conscience que s'ils avaient tiré sur moi-même, sur Pierre Stocker à ce moment-là, eh bien ça signifiait réellement une décision d'entrer en guerre contre le monde entier. Donc c'est une attitude qui était dissuasion, au sens le plus noble du terme, mais pas du tout comme ça a pu être perçu parfois, je répète une réaction de désespoir et de folie. C'était tout à fait raisonnée. Seulement dans les capitales on n'avait pas la même connaissance que nous, que nous avions,

affamé – starving
à poitrine découverte – defenceless (lit. with his chest bare)
baroud d'honneur (m) – last ditch stand
bravoure (f) – gallantry
chef de cabinet (m) – principal private secretary
engin (m) – heavy vehicle
épris de – in love with
milice (f) – militia
percevoir – to perceive
pesant – burdensome

Le général Morillon, le jour de notre interview

nous, sur le terrain des conditions et ça c'est peut-être une des raisons pour lesquelles cette attitude a été perçue comme un défi un peu fou. »

Quelles sont vos réactions personnelles quand on vous qualifie de héros ?

« Si un héros, c'est un modèle pour les jeunes, je suis heureux qu'ils puissent se retrouver, se rassembler sur cette idée du service des faibles, du service de la plus belle cause qui puisse être – la paix – y compris en risquant sa vie, je suis satisfait parce que je crois que aussi longtemps qu'il y aura des armes, et j'ai peur qu'aussi longtemps qu'il y aura des hommes il risque d'y avoir des armes, donc aussi longtemps qu'il y aura des armes je crois que les jeunes se rendent compte que les armes en soi sont neutres, c'est l'usage qui en est fait qui peut être bon ou mauvais et qu'abandonner les armes aux moins motivés, aux criminels, aux aventuriers, aux sadiques, aux mauvais garçons, c'est prendre le risque effectivement que l'usage des armes soit mauvais. Donc il est bon que des jeunes épris d'idéal et de générosité pacifiques, oui, continuent de venir au service des armes, pour être un instrument au service du droit et de la paix. Alors si je suis ce héros-là alors tant mieux… être un héros en soi c'est plutôt pesant qu'autre chose. »

1 What were Général Morillon's feelings when he led the aid convoy into Srebrenica?

2 What especially did it mean to the people of Srebrenica?

3 How well was Peter Stocker protected when he faced the Serbs?

4 Why was Général Morillon convinced that the Serbs would not open fire?

5 What reasons does Général Morillon give for other people's belief that his action had been reckless?

1 Quelles auraient pu être les conséquences si les milices serbes avaient tiré sur le général Morillon ou Peter Stocker ?

2 Selon le général Morillon, comment un héros peut-il être utile aux jeunes gens ?

3 Pourquoi le général Morillon fait-il la guerre ?

4 En quoi le général Morillon est-il peut-être pessimiste ?

5 Quand est-ce qu'on risque un mauvais usage des armes ?

Etudes linguistiques – 2

A. Cherchez les mots qui ont le sens opposé de ces mots employés par le général Morillon, par exemple *la paix – la guerre, l'honneur – le déshonneur* :

la satisfaction

la victoire

la force

le courage

la puissance

la dissuasion

B. Le futur

Le général Morillon a dit « aussi longtemps qu'il y aura des hommes il risque d'y avoir des armes ». Comment est-ce qu'on traduirait cette phrase en anglais ? Est-ce qu'on emploierait le temps futur pour traduire *il y aura* ? Sinon, pourquoi est-ce qu'on l'utilise en français ? Cherchez à donner d'autres exemples de cet usage.

Etudes idéologiques – 2

Comment le général Morillon cherche-t-il à prouver que son acte à Srebrenica ainsi que celui de Peter Stocker étaient des actes de courage et non pas de folie ? Etes-vous d'accord ? Quelle idée le général se fait-il d'un héros ? Et vous ? Aimeriez-vous en être un ? Seriez-vous capable d'être un héros ?

Le ministère de la défense, à Paris

Lecture

Voici un article paru dans le *Figaro* le jour même de notre interview avec le général Morillon :

(Nous reproduisons cet article avec l'aimable autorisation du journal *Le Figaro*, COPYRIGHT LE FIGARO 1994.)

Connaissez-vous ce verbe ?

Connaissez-vous le verbe *vouloir* ? Bien sûr, vous le connaissez. Mais est-ce que vous connaissez toutes les façons de l'employer ? En voici quelques-unes que vous ne connaissez peut-être pas encore :
On veut bien vous croire.
Je veux bien vous accompagner.
Je l'ai voulu.
Voulez-vous venir avec moi ?
Veuillez vous asseoir.
Que voulez-vous ?
La machine ne veut pas marcher.
Qu'est-ce que ça veut dire ?
Je ne lui en veux pas.
Je veux que tu sois heureux.
Que tu le veuilles ou non, on y va.
C'est une sorte de maladie, si vous voulez.
Cherchez dans votre dictionnaire pour vérifier exactement ce que signifie chaque usage. Puis cherchez vous-même d'autres façons de l'employer. Vous verrez que « *vouloir = to want* » ne dit pas tout !

Bosnie : visite surprise d'Édouard Balladur

Le premier ministre réclame une meilleure protection des Casques bleus et la revision des procédures de riposte.

Des appareils de l'Otan participant au dispositif Deny Flight (« Interdiction de vol ») ont été, dans la nuit de samedi à dimanche, sur le point d'intervenir contre des positions d'artillerie serbes dans la région de Bihac, en Bosnie occidentale, a révélé hier un porte-parole de l'Alliance atlantique. Ce dernier a précisé que l'absence d'intervention n'avait pas été due aux mauvaises conditions météorologiques – comme l'avait affirmé peu auparavant le représentant de l'ONU dans l'ex-Yougoslavie, Yasushi Akashi –, mais exclusivement au fait que la Force de protection des Nations unies (Forpronu) n'avait pas confirmé sa demande de bombardement aérien.

* L'intervention avait été sollicitée par la Forpronu pour soutenir un contingent de Casques bleus français pris sous des tirs d'artillerie serbes. Les pilotes des avions ont commencé les opérations de repérage des cibles à terre, mais la Forpronu n'a pas confirmé la demande d'ouvrir le feu. Entre-temps, a indiqué le porte-parole de l'Otan, les tirs d'artillerie avaient cessé.

Dans le nord de la Bosnie, dix Casques bleus britanniques sont arrivés hier à Maglaj, par hélicoptère. Il s'agit de la première présence de Casques bleus dans cette enclave musulmane assiégée par les Serbes depuis juin dernier. *

A Vienne, Croates et musulmans bosniaques se sont entendus, hier soir, sur un projet de Constitution pour la Fédération croato-musulmane en Bosnie. L'accord final devrait être signé dans quelques jours à Washington.

Édouard Balladur, accompagné de François Léotard, ministre de la Défense, et de Georges-Marie Cheneau, ambassadeur en Croatie, franchit les barbelés qui protègent françaises à Bihar. (Photo Reuter.)

Edouard Balladur s'est rendu hier en Bosnie auprès des Casques bleus français déployés dans la poche de Bihac (nord-ouest). C'est dans cette ville qu'un soldat français, le caporal-chef Stéphane Dubrulle, 22 ans, a été tué vendredi dernier par un tireur isolé. Il s'agissait du 19e Casque bleu français tué en Bosnie.

M. Balladur, dont la visite – la première en ex-Yougoslavie depuis son arrivée à Matignon en avril 1993 – n'avait pas été annoncée, était accompagné par le ministre de la Défense François Léotard. A

son arrivée dans la matinée à Zagreb, le premier ministre avait été accueilli par le représentant spécial de l'ONU dans l'ex-Yougoslavie, Yasushi Akashi.

Escorté par une dizaine de véhicules blindés, le premier ministre a franchi sans incident les lignes serbes et musulmanes. Le chef du gouvernement s'est arrêté à trois reprises aux postes de contrôle de la Forpronu tenus par des soldats français. A la sortie de Karlovac (Croatie), en entrant dans la République de Krajina (autoproclamée par les Serbes), M. Balladur a salué les militaires et visité une maison trans-formée par eux en camp retranché avec barbelés, chevaux de frise et sacs de sable.

Patrouille de F 18

Une cinquantaine de kilomètres plus loin, il s'est arrêté dans un second poste avant de passer dans la poche de Bihac. Dans un chalet sommairement aménagé en casernement, le premier ministre a visité chambrée et cuisine dans une odeur de choux préparés par les soldats.

C'est en entrant dans la partie sud de la poche de Bihac que M. Balladur s'est pour la troisième fois arrêté à un poste de contrôle, alors que les avions F 18 de l'Otan patrouillaient au-dessus de la zone. A Coralici, où se trouve le PC des

Casques bleus français de l'enclave de Bihac, le premier ministre a vivement critiqué « *les délais souvent trop longs, les procédures administratives et politiques trop lourdes* » pour organiser la riposte militaire à des tirs contre les

« *soldats de la paix* ». En présence du commandant de la compagnie durement bombardée dans la nuit de samedi à dimanche, M. Balladur a demandé qu'« *on révise absolument* » ces procédures.

« *Une fois de plus on a mis plus d'une heure avant que les procédures administratives soient arrivées à leur terme (...) Et quand elles sont arrivées à leur terme, le char avait disparu* » a déploré M. Balladur en évoquant les attaques serbes de la nuit de samedi. « *Je suis venu manifester la solidarité du gouvernement avec les soldats français* » dont l'un d'eux « *a été tué, je devrais dire assassiné avant-hier* », a-t-il poursuivi.

MM. Balladur et Léotard ont regagné Paris dans la soirée après s'être entretenus avec leurs homologues croates Nikica Valentic et Gojo Susak à l'aéroport de Zagreb. *(AFP, Reuter.)*

---

appareil (m) – aeroplane
barbelés (m pl) – barbed wire
blindé – armoured
casernement (m) – barrack
        block
chambrée (f) – barrack room
char (m) – tank
chevaux de frise (m pl) –
        chevaux de frise (spiky
        defence barrier)
cible (f) – target
homologue (m) – counterpart
porte-parole (m) – spokesman
repérage (m) – marking out
s'entendre – to come to an
        agreement
s'entretenir – to hold talks

1 How did the explanation about the *Deny Flight* plan given by the United Nations representative in Bosnia differ from that given by the NATO spokesman?
2 Why had UNPROFOR requested help?
3 What preliminary action did the pilots take?
4 What is the state of affairs in Maglaj in northern Bosnia?
5 What political action is being taken to improve the situation?

1 Quel événement récent a probablement provoqué la visite inattendue de M. Balladur à Bihac ?
2 Comment a-t-on protégé M. Balladur pendant son voyage en ex-Yougoslavie ?
3 Qu'est-ce que M. Balladur a vu pendant les trois visites qu'il a faites aux postes de contrôle tenus par des Français ?
4 Quels reproches M. Balladur a-t-il faits aux chefs de la Forpronu ?
5 Quelle a été la dernière action prise par M. Balladur et par M. Léotard avant de quitter l'ex-Yougoslavie ?

Etudes linguistiques – 3

A. Quel est le verbe de la même famille que les mots suivants ? (Exemple : bombe – bombarder)

tir, tireur
repérage
représentant

interdiction
intervention
pilote

opération
cible
riposte

B. Mettez au pluriel les noms suivants : (Exemple : le feu – les feux)
le lieu, le cheval, le chou, le poste de contrôle, le porte-parole. Puis cherchez d'autres exemples de noms qui forment leur pluriel de la même façon. (Exemple : le bijou – les bijoux)

C. Encore le passif

Cherchez dans le texte des exemples de verbes employés au passif, par exemple « l'intervention avait été sollicitée », « le caporal-chef a été tué par un tireur isolé », etc.
Essayez alors de récrire les phrases que vous avez trouvées en utilisant une forme active, soit en vous servant du pronom *on*, soit en employant un verbe pronominal.

D. L'emploi du pronom objet

Si on vous posait la question *Croyez-vous que la présence des Casques bleus en Bosnie soit nécessaire ?* vous répondriez peut-être *Oui, je le crois* ou *Non, je ne le crois pas.* Notez aussi la phrase utilisée dans l'article du *Figaro* : *Ce dernier a précisé... – comme l'avait affirmé peu auparavant le représentant de l'ONU.*

E. Regardez cette expression : *Les appareils ont été sur le point d'intervenir.*
Pour parler d'une action qui va se passer dans un futur très proche vous savez sans doute utiliser *être sur le point de*, ou bien a*vant de* suivi d'un infinitif si deux actions se succèdent, par exemple *Il s'est arrêté dans un second poste avant de passer dans la poche de Bihac.*
Savez-vous aussi utiliser le bonne forme de *après avoir* suivi d'un participe passé, comme dans l'expression *MM. Balladur et Léotard ont regagné Paris dans la soirée après s'être entretenus avec leurs homologues croates ?*

Curiosités

Savez-vous ce que c'est qu'un *nom composé* ? C'est un nom composé de deux éléments, comme *porte-parole* ou *timbre-poste*. Mais savez-vous comment former le pluriel d'un mot composé ? Il faut avouer que c'est un peu compliqué et que beaucoup ne Français ne comprennent pas les règles !
D'abord il faut identifier les deux éléments : est-ce, par exemple, un nom, d'un adjectif ou un verbe ?
Si vous avez deux adjectifs, tous deux varient au pluriel. (Exemple : *des sourds-muets*)
Si vous avez deux noms, les deux noms prennent la marque du pluriel. (Exemple : *des choux-fleurs, des surprises-parties.*) Mais attention ! il y a quelques exceptions apparentes, comme *timbres-poste*, par exemple. C'est parce que, en réalité, ça veut dire « timbre pour la poste ».
Mais si une préposition s'intercale entre les deux noms, ce n'est que le premier nom qui prend la marque du pluriel. (Exemple : *des arcs-en-ciel, des pommes de terre.*)
Quelquefois il s'agit d'un nom et d'un adjectif. Là, comme on s'y attendrait, tous deux prennent la marque du pluriel. (Exemple : *des grands-pères, des basses-cours.*)
Si un des éléments est un verbe, on n'a pas besoin de vous signaler qu'on n'ajoute pas de *s* au verbe. Quant au deuxième élément, ça dépend du sens. Regardez le mot tourne-disque : au pluriel ça devient tourne-disques parce que, si une machine tourne un disque, plusieurs machines tournent plusieurs disques. Avec le mot porte-bonheur, cependant, on écrit au pluriel porte-bonheur, parce que rien ne peut vous porter plus d'un bonheur !
Il reste cependant beaucoup d'exceptions. D'ailleurs, c'est très compliqué, mais si vous suivez ces règles, bien que vous risquiez d'avoir quelquefois tort, vous aurez la plupart du temps raison !

Etudes idéologiques – 3

Dans cet article il s'agit surtout de faits plutôt que d'opinions, parce qu'on traite de ce qui s'est passé dans l'ex-Yougoslavie. Mais souvent les faits eux-mêmes soulèvent certaines impressions, certaines idées. Par exemple, si on lit « le premier ministre a franchi sans incident... », cela vous fait penser que vous auriez dû vous attendre à ce qu'il y eût un incident, c'est-à-dire qu'on suggère ou implique une réaction. Regardez donc tous les faits présentés par cet article et examinez-les pour voir lesquels sont exprimés d'une telle manière que votre réaction est déjà déterminée.

Des gardes devant le ministère de la défense

Traduisez en anglais

Traduisez en anglais la partie de l'article du Figaro que nous avons marquée par des étoiles. (*)

Ecoutez et écrivez

Ecoutez sur la cassette une partie de l'interview du général Morillon que vous n'avez pas encore entendue. Tony lui a demandé si les hommes sont capables de vivre en paix. Ecoutez sa réponse, puis écrivez-la en français. Puis discutez et écrivez vos idées sur un monde idéal.

Exercices détaillés

Voici quelques petites phrases à traduire en français.

1. Do you know someone who can mend washing machines? 2. I would like a book which is easy to read. 3. When you understand it, come and tell me. 4. I hope you won't hold it against me. 5. If you had woken earlier we would not have arrived late. 6. Are they willing to come? – I hope so.
7. Will you wash the dishes before going to bed? 8. After getting home in the evening he always rings his mother.
9. What do you expect? 10. He was advised to stop smoking.

Traduisez en français

General Morillon spent almost five years in Algeria at the beginning of his career. It was there that he commanded a unit of the Foreign Legion. Later on he commanded a regiment, then a division of the French forces in Germany. It is therefore not surprising that he speaks German fluently.
When he became chief of the United Nations forces in Bosnia, he made friends in the British army, and he firmly believes that the crisis in Bosnia has strengthened the relationship between the British and French armed forces.
After almost forty years of service he is expecting a final command before retiring in a few years time.

Le mot juste

Voici une série de phrases que nous avons traduites en anglais. Dans chaque traduction il y a un mot qui n'est pas tout à fait celui qu'il faudrait. Cherchez donc dans tous les cas le mot juste. Faites bien attention — quelquefois la traduction est incorrecte, mais quelquefois c'est simplement qu'on aurait pu trouver une traduction plus élégante.

1   **La voisine qui a généralement mauvais caractère m'a donné un coup de main.**
     The neighbour who is usually ill-tempered slapped my face.
2   **Le petit garçon timide a peur des souris.**
     The shy little boy is afraid of people who smile at him.
3   **Ils ont passé une journée merveilleuse.**
     They had an excellent journey.
4   **C'est un brave homme, digne de respect.**
     He is a brave man, worthy of respect.
5   **Le funambule s'est balancé sur le fil.**
     The tight-rope walker balanced on the wire.

Et maintenant faites la même chose pour ces phrases que nous avons mal traduites en français :
1   **I went to the chemists to buy that medicine that I needed.**
     Je suis allé à la pharmacie pour acheter la médecine dont j'avais besoin.
2   **She was so tired that she rested in her room.**
     Elle était si fatiguée qu'elle est restée dans sa chambre.
3   **I bought his latest novel from the bookshop in the square.**
     J'ai acheté son dernier roman à la bibliothèque sur la place.
4   **I have some very nice relatives in France.**
     J'ai de très bonnes relations en France.
5   **When I was a student I really enjoyed my science lectures.**
     Quand j'étais étudiant mes lectures scientifiques m'ont beaucoup plu.

Trouvez mieux !

Voici une série de phrases qui ne sont pas du tout incorrectes, mais qui sont bien susceptibles d'être améliorées. Trouvez donc une meilleure façon d'exprimer la même pensée; dans chaque cas il s'agit d'éviter le verbe *devenir*.

1   En entendant cette nouvelle elle est devenue pâle.
2   On peut toujours savoir s'il ment : il devient tout rouge.
3   Plus il devient vieux, plus il a mauvais caractère.
4   Il n'a pas l'habitude de boire du vin : il devient vite ivre.
5   Si vous preniez plus souvent de l'exercice vous deviendriez encore jeune.

Résumé

Lisez d'abord ce passage, puis résumez-le en français.

La légion étrangère est différente du reste de l'armée française parce que tous les légionnaires sont des professionnels. Ce sont des professionnels qui pour la plupart ont coupé toute relation avec leur passé. N'ayant plus de famille personnelle ils sont très dévoués à la Légion qui devient leur nouvelle famille.

Beaucoup de légionnaires ont souffert dans leur vie, souvent parce que leur propre pays a été déchiré, comme les Hongrois au moment de la révolution à Budapest ou les Tchèques au moment de Prague. Donc la Légion a cet aspect de refuge – refuge politique ou refuge personnel. La grande fraternité qui réunit les soldats de la Légion étrangère leur donne une raison de vivre et de se dévouer. Ceci est plus facile pour eux que pour d'autres soldats qui ont conservé des liens familiaux et qui sont forcément moins libres dans leur engagement.

Il est vrai que certains légionnaires ont eu dans leur vie passée des ennuis avec la police avant de s'engager, mais aucun n'a commis d'actes criminels : la Légion n'accueille jamais de criminels.

Le quartier-général de la Cavalerie française à Paris

Thèmes de discussion ou de dissertation

A. Travaillez avec un partenaire pour établir un dialogue sur la question de la guerre et de la paix. Prenez checun une attitude différente. Après, vous rédigerez chacun une version de ce que vous avez discuté. Enfin vous pourrez comparer et, s'il y a lieu, corriger les deux versions ensemble.

B. Travaillez avec un partenaire pour établir un dialogue sur la question du courage. Prenez chacun une attitude différente. Après, vous rédigerez chacun une version de ce que vous avez discuté. Enfin vous pourrez comparer et, s'il y a lieu, corriger les deux versions ensemble.

Voici quelques questions pour vous aider :
Est-ce qu'il faut avoir peur pour être vraiment courageux ?
Est-ce qu'un soldat qui fait un seul acte de bravoure est aussi courageux que quelqu'un qui souffre pendant des années d'une maladie douloureuse sans jamais se plaindre ?
Dans votre famille ou parmi vos amis et vos connaissances y a-t-il quelqu'un que vous considérez vraiment courageux ? Pourquoi ?
Que pensez-vous des décorations que l'on donne pour des actes courageux ? Est-il toujours possible de savoir qui les mérite le plus ?

Daphne Jenkins avec le général Morillon

DOSSIER 8

Marguerite Gentzbittel

Marguerite Gentzbittel a fait une carrière distinguée dans l'enseignement public en France. Ayant décidé, très jeune, qu'elle voulait être maître à bord, sinon chef de gare ou commandant des pompiers, au moins chef d'établissement, elle a passé dix ans à enseigner l'anglais avant d'être nommée proviseur d'un lycée à Nevers et plus tard proviseur du lycée Fénelon à Paris, un des plus prestigieux établissements de France.

C'est là que nous sommes allés lui parler en mars 1994. Ayant lu son livre *Madame le Proviseur* qui a joui d'un grand succès dès sa parution en 1988, nous nous attendions à rencontrer une femme pleine d'entrain et de bon sens. Nous n'avons pas été déçus. Sérieuse mais aussi toujours prête à rire, Marguerite Gentzbittel nous a donné des réponses claires et instructives.

Ecoutez maintenant ce qu'elle nous a dit. Nous recommandons que vous écoutiez au moins trois fois avant de répondre aux questions qui suivent. Daphne lui a demandé si elle regrettait de ne pas être chef des pompiers...

archevêque (m) – archbishop
bilan (m) – assessment
boutade (f) – joke, jest
contraignant – restricting
enseignant (m) – teacher
formation (f) – training
incommensurable – immeasurable
outil (m) – tool
survie (f) – survival

1 What might Marguerite Gentzbittel have become in England?
2 In what way would a Fire Chief's job be easier than hers?
3 In what way do firemen often differ from teachers?

1 Qu'est-ce qui arrivera aux pompiers et aux professeurs qui ne travaillent pas bien en équipe ?
2 Pourquoi est-il plus facile de former des pompiers que de former des professeurs ?
3 Pourquoi, pensez-vous, Marguerite Gentzbittel a-t-elle choisi d'être chef d'établissement plutôt qu'autre chose ?

La porte d'entrée du Lycée Fénelon

Etudes linguistiques – 1

A. Traduisez en anglais ces phrases employées par Marguerite Gentzbittel :
J'aurais toutes mes chances
à l'état de boutade

B. les uns les autres

Marguerite Gentzbittel a dit :
Le chef des pompiers, le chef de gare et le chef d'établissement sont bien aussi utiles les uns que les autres.
Voici d'autres exemples de l'usage de cette expression :
Ni l'un ni l'autre ne mange la viande.
J'ai deux belles robes. Vous pouvez emprunter l'une ou l'autre.
Nous nous sommes assis l'un à côté de l'autre.
Les enfants et les parents ont besoin les uns des autres.
Ils se sont raconté l'histoire les uns aux autres.
Inventez d'autres phrases semblables.

C. Vous vous êtes probablement aperçu que Marguerite Gentzbittel emploie beaucoup d'adjectifs pour bien décrire tout ce dont elle parle.
Ecoutez de nouveau la cassette et notez tous les adjectifs que vous trouverez dans cette partie de l'interview.
Certains adjectifs, surtout ceux qu'on emploie très souvent comme *petit*, *bon* et *léger* précèdent le nom qu'ils décrivent : notez-les. On met la plupart des adjectifs après le nom, par exemple *éteint*, *éducatif* et *sophistiqué*.
Notez que deux adjectifs qu'elle a employés sont aussi des participes passés : *éteint* (*éteindre*) et *sophistiqué* (*sophistiquer*).
D'autres adjectifs appartiennent à une famille de mots, par exemple *perceptible* (*percevoir*), *spectaculaire* (*spectacle*), *évident* (*évidence*), *contraignant* (*contraindre*). Certains adjectifs sont aussi des noms, par exemple « le pouvoir *maximum* » ou « le *maximum* de profit ».
Notez l'effet que fait un long adjectif comme *incommensurable* : la longueur même de cet adjectif souligne l'individualisme des enseignants.

Etudes idéologiques – 1

Savez-vous pourquoi Marguerite Gentzbittel a parlé en mars 1994 de la possibilité d'être archevêque dans l'église anglicane ? Qu'est-ce que l'église anglicane venait de faire ce mois-là ?
Comment Marguerite Gentzbittel compare-t-elle les métiers de chef de gare ou chef des pompiers avec celui d'enseignant ? Quel jugement porte-t-elle sur les trois métiers ? Croyez-vous qu'elle ait raison de dire qu'un proviseur exerce le pouvoir maximum ? Quelle est la nature de ce pouvoir ? Pourquoi dit-elle que ce pouvoir est parfois contraignant ?

Le quartier où se trouve le Lycée Fénelon

Lisez et écoutez

Ecoutez maintenant un nouvel extrait de l'interview de Marguerite Gentzbittel. Cette fois nous l'avons transcrit afin qui vous puissiez étudier plus étroitement la forme de ce qu'elle a dit. Nous vous conseillons cependant de bien écouter la bande au moins deux fois avant de lire la version écrite. Daphne lui a demandé si elle pensait qu'il est plus difficile aujourd'hui d'être enseignant qu'il y a vingt ou trente ans. Voici sa réponse :

« C'est… pour moi en France, y compris dans cette maison qui n'est pas la plus difficile, c'est indubitable, indubitable. Ça me paraît tout à fait un autre métier, d'une bien plus grande difficulté. Ça n'est pas pour ne pas rencontrer ces difficultés que j'ai cessé, hein, d'être professeur d'anglais, mais alors, très honnêtement, susciter de l'intérêt chez les élèves, les persuader qu'une langue ça s'apprend et ça ne va pas se ramasser comme ça par deux ou trois petits séjours dans un pays, essayer de concilier leur besoin d'ouverture aux problèmes contemporains, l'enseignement d'une grammaire étrangère pour des élèves qui ne connaissent pas la leur… de grammaire, dans un contexte où on ne fait pas la différence entre l'écrit et l'oral, dans des classes extrêmement lourdes numériquement, avec des gens dont la maîtrise de leur langue maternelle est variable à l'infini, c'est un métier beaucoup beaucoup plus difficile, au moins aussi intéressant mais beaucoup plus difficile. »

Et du point de vue de la discipline aussi ?

« Du point de vue de la discipline c'est un petit peu ce que je vous disais tout à l'heure. C'est… rien n'est admis d'entrée de jeu, il faut tout conquérir par l'explication et par l'autorité justifiée parce qu'enracinée sur une discussion avec les élèves. C'est plus intéressant que ça ne l'était quand le professeur parlait et il faisait autorité au moins en surface, mais c'est beaucoup plus fatigant, beaucoup plus fatigant. Il faut tout commenter, tout justifier, tout expliquer, ça ne serait pas très grave s'il ne fallait expliquer qu'aux élèves, mais il faut expliquer aussi aux parents d'élèves, et aux associations de parents d'élèves et à l'opinion publique parce que la loupe médiatique est sur l'école, donc il faut aussi se faire comprendre à l'extérieur. C'est bien, c'est bien mais c'est beaucoup plus difficile et beaucoup plus fatigant. »

Oui, mais on a quand même les nouveaux équipements dont vous avez parlé. Pensez-vous, par exemple, qu'un jour les ordinateurs remplacent les profs ?

« Absolument pas. Qu'ils les aident, oui, quand ils sauront, eux, les maîtriser. Pour le moment on est dans une phase de transition où les élèves maîtrisent mieux ces technologies que leurs professeurs ne les maîtrisent, alors ça donne quelque chose d'un peu difficile mais en aucun cas tous ces équipements audio-visuels ne remplaceront les professeurs, mais en revanche, qu'ils les aident à la fois dans l'évaluation des élèves, dans la mise au point d'exercices, dans la variété des moyens à utiliser pour enseigner, bien sûr, car, à côté du livre, il y a maintenant de multiples moyens que grâce au câble on puisse écouter les nouvelles le jour même à la BBC, c'est pas négligeable, c'est pas négligeable. C'est pas intéressant en soi, c'est comme les sorties pédagogiques, c'est comme les voyages, c'est des auxiliaires merveilleuses si on sait les utiliser. Autrement c'est des occasions de savoir fragmentaire, de savoir éclaté, qui est le contraire de ce que doit donner l'école, alors c'est une espèce de défi, c'est ou une aide ou alors une catastrophe qui nous guette. »

Et ça ajoute encore au travail du professeur...

« Oui, et à la nécessité de sa formation permanente et ça, en France, c'est une vérité qui n'est pas encore réellement prise en compte. Un professeur ne peut pas s'être formé pour quarante ans, c'est pas possible. D'abord parce que la société ne permet plus de faire le même métier pendant quarante ans et ensuite parce que l'évolution des connaissances, l'évolution des technologies le remet en question en permanence et s'il n'accepte pas d'enseigner différemment qu'il y a quinze ans, il n'a aucune chance d'être reçu par les élèves et ça implique donc qu'on remette sur le métier cinq fois, six fois, sept fois dans sa carrière et ses connaissances et sa pédagogie et la didactique de la discipline. »

c'est indubitable – there's no doubt about it
éclaté – splintered, incomplete
en revanche – on the other hand
guetter – to lie in wait for
loupe (f) – magnifying glass
médiatique – of the media
mise au point (f) – perfecting, fine tuning
susciter – to arouse
y compris – including

1 What are Marguerite Gentzbittel's views on how quickly a foreign language can be learnt?
2 Why does she say that it is especially difficult nowadays to teach the grammar of a foreign language?
3 How does Marguerite Gentzbittel think that a teacher today can maintain good discipline in class?
4 Why are teachers answerable to the general public as well as to students and parents?

1 Quelle est l'attitude de Marguerite Gentzbittel envers les équipements audio-visuels ?
2 Quel avantage les étudiants d'aujourd'hui ont-ils sur leurs professeurs ?
3 Pourquoi est-ce qu'on ne peut plus former les professeurs pour quarante ans ?
4 Qu'est-ce qui arriverait si un professeur essayait d'enseigner aujourd'hui de la même façon qu'il y a quinze ans ?

Etudes linguistiques – 2

A. Cherchez dans le texte les phrases qui traduisent ces expressions:
• from the outset
• to be accepted as an authority

B. Les pronoms possessifs

Marguerite Gentzbittel parle de l'enseignement d'une grammaire étrangère pour des élèves qui ne connaissent pas *la leur*.

L'expression *la leur* représente *leur grammaire* : c'est donc un pronom possessif. En voici d'autres exemples :

J'ai donné mon adresse à Michel et il m'a donné *la sienne*.

Ça coûte trop cher. Je vais garder mon argent et je te conseille de garder *le tien*.

Voici votre voiture, à côté de *la nôtre*.

Nous avons tous les deux un bateau, mais *le mien* est plus petit que *le vôtre*.

Vérifiez les autres pronoms possessifs dans un livre de grammaire et inventez des phrases pour vous en servir.

C. La place de l'adverbe dans la phrase

L'usage est différent selon que le verbe contient deux éléments (aux temps composés) ou un seul (aux temps simples). S'il s'agit d'un temps simple on met l'adverbe immédiatement après le verbe comme, par exemple, quand Marguerite Gentzbittel dit « d'enseigner différemment » ou « les élèves maîtrisent mieux ». S'il s'agit d'un temps composé, l'adverbe se place généralement entre l'auxiliaire et le participe, par exemple « une réalité qui n'est pas encore réellement prise ».

Quelquefois, cependant, pour la mise en relief, l'adverbe peut se placer en tête de la phrase :

Mais très honnêtement...

Autrement, c'est des occasions...

Relisez d'autres textes pour constater la place de l'adverbe dans la phrase ; dans chaque cas expliquez la position de l'adverbe.

Etudes idéologiques – 2

Quelles sont les différentes raisons pour lesquelles Marguerite Gentzbittel pense qu'il est plus difficile d'enseigner une langue étrangère maintenant qu'il y a vingt ou trente ans ?

Pourquoi, selon Marguerite Gentzbittel, est-il plus difficile aujourd'hui d'avoir une bonne discipline dans la classe ?

Quelles sont les idées de Marguerite Gentzbittel sur le rôle des ordinateurs dans l'enseignement ?

Qu'est-ce qu'elle entend par *formation permanente* ?

Pourquoi Marguerite Gentzbittel parle-t-elle de la nécessité de la formation permanente d'un professeur ?

Marguerite Gentzbittel parle à Daphne Jenkins

Connaissez-vous ce verbe ?

Connaissez-vous le verbe *dire* ? Bien sûr, vous le connaissez. Mais est-ce que vous connaissez toutes les façons de l'employer ? En voici quelques-unes que vous ne connaissez peut-être pas encore :

Disons...

Dites donc !

On dit que...

Ça va sans dire.

A vrai dire...

Je ne te le fais pas dire.

Il n'y a pas à dire.

Tu l'as dit !

Comment ça se dit en italien ?

Tu ne croyais pas si bien dire !

Ça ne me dit rien du tout !

Son sourire en dit long.

Ça ne dit rien qui vaille.

Si le cœur vous en dit...

Que diriez-vous des vacances en Grèce ?

On dirait une peinture de Monet.

On dirait qu'il n'est pas content.

Brigitte Bardot dite BB...

Cherchez dans votre dictionnaire pour vérifier exactement ce que signifie chaque usage. Puis cherchez vous-même d'autres façons de l'employer. Vous verrez que « *dire = to say* » ne dit pas tout !

Lecture

Voici un extrait d'un livre intitulé *Lettre aux parents*, paru en 1994, écrit par Jacqueline de Romilly et dont l'idée maîtresse est le combat pour sauver l'enseignement littéraire français. Lisez-le bien, puis répondez aux questions qui suivent.

Je m'adresse aujourd'hui, de façon directe et pressante, à tous les parents dont les enfants vont entrer cette année en quatrième ou en troisième, et surtout en seconde ou en première. Ils ont, en effet, des choix à faire, qui sont nouveaux et décisifs ; et je crains qu'ils n'en mesurent pas toujours ni la nouveauté ni l'importance.

Disons-le en un mot : ils ont, pour le baccalauréat général, à choisir entre les lettres, les sciences et l'économie. Mais les conditions du choix viennent de changer. Des efforts ont déjà été faits en vue d'une nouvelle répartition des carrières au sortir du baccalauréat (on a parlé d'ouverture vers la médecine et entamé une action pour les carrières commerciales) ; il apparaît en général que l'on cesserait de privilégier le baccalauréat scientifique pour tenir beaucoup plus grand compte des mentions. Les parents se trouvent donc devant une nouvelle carte qui se dessine pour l'avenir de leurs enfants ; et les choix de l'an prochain ne sauraient plus se conformer sans réflexion à ceux de l'an passé. De même, l'existence d'une première réforme, il y a presque deux ans, a entraîné diverses retouches très nécessaires ; le résultat a été d'introduire, dans les diverses sortes de baccalauréats, toute une série d'options facultatives : ainsi la formation de tous ces jeunes se trouve renvoyée à leur décision et à celle de leurs parents. Or, c'est une liberté nouvelle, qui s'accompagne d'une responsabilité également nouvelle. Cette responsabilité est d'autant plus grande que, de toute évidence, ces possibilités, si elles ne sont pas saisies immédiatement, s'évanouiront dès l'an prochain.

* Il s'agit d'une offre. Or, chacun sait que des concours spéciaux disparaissent s'il ne se présente pas assez de candidats ; de même, les options ne sont plus fournies par les établissements, dès lors qu'elles sont trop peu demandées. Le choix est possible cette année : il ne le sera pas dans la suite, si l'on tarde à en profiter ; et la crise, un moment enrayée, tournera à la catastrophe. A ce moment-là, vous, parents, vous

articulation (f) – expression in speech	
bourse (f) – scholarship	
définitivement – finally	
de surcroît – moreover	
enrayé – checked, curbed	
entamer – to start on	
facultatif – optional	
mention (f) – exam grade	
passe-partout – all-purpose	
piètre – weak	
priver – to deprive	
répartition (f) – distribution	
retouche (f) – alteration	
s'évanouir – to fade away	
se présenter à un concours – to sit a competitive examination	
sottisier (f) – collection of silly quotations	

Des élèves du Lycée Fénelon

aurez définitivement privé votre enfant d'une formation très désirable, et vous aurez du même coup contribué à la refuser aux autres, pour toujours. Il s'agit en effet d'une occasion qui est, comme on dit dans le commerce, « à saisir de suite ». *

[…]

« Communication » est un mot fort à la mode pour parler des lettres ; mais c'est, encore une fois, un mot réducteur, n'envisageant que le résultat immédiat. Or l'expression efficace est, de surcroît, étroitement liée à l'élaboration d'une pensée un peu précise, de plus en plus précise, de plus en plus nuancée.

Souvent, on en est loin ; et certaines expériences aident à mesurer combien il faut, en effet, apprendre le moyen de s'exprimer. C'est le cas lorsque l'on entend les « bof ! » ou les « j'sais pas » de certains d'entre eux, ou quand on se heurte à ce vocabulaire passe-partout qui déclare tout « super », d'une symphonie à un sorbet. C'est le cas quand les jeunes s'expliquent mal : un de mes étudiants sollicitait une bourse pour les Etats-Unis ; je lui demandai pourquoi il désirait y aller ; il me répondit : « Je ne sais pas : c'est grand… ». Voulait-il parler de voyages possibles, ou de contacts humains ? de liberté ? de variété ? Je n'en tirai pas un mot de plus : c'était un bon étudiant, mais une piètre explication. Quelquefois la gaucherie confine au burlesque ; témoin la formule citée dans quelque sottisier, de l'élève à qui l'on demandait la différence entre un roi et un président et qui répondit : « Le roi est le fils de son père, et pas le président. » Cet élève savait très bien la différence, mais il ne savait pas la dire. Comique à part, il était incapable d'analyser et de mettre en place les articulations de l'idée (« le roi gouverne *parce que*… »).

Jacqueline de Romilly, *Lettre aux parents*. © Editions de Fallois

1 Why does Jacqueline de Romilly feel an urgent need to speak to parents of some secondary school pupils?
2 What will change in the way subjects to be studied for the *baccalauréat* are chosen?
3 What changes have already been introduced by a recent reform?
4 What is likely to happen to unpopular options?

1 Comment le choix des parents d'un élève peut-il déterminer le sort d'autres élèves ?
2 Pourquoi est-ce que la « communication » ne suffit pas dans l'étude des lettres ?
3 Qu'est-ce que Jacqueline de Romilly entend par un vocabulaire passe-partout ?
4 Essayez de mieux exprimer ce que voulait dire l'élève dans la phrase *Le roi est le fils de son père et pas le président.*

Etudes linguistiques – 3

A. Voici quelques expressions que vous avez trouvées dans l'extrait de *Lettre aux parents*. Traduisez-les en anglais :

de même	on en est loin	de toute évidence
or	toute une série	du même coup
dans la suite		

B. Le subjonctif

Etudiez la phrase « Je crains qu'ils n'en mesurent pas toujours ni la nouveauté ni l'importance ». Quand on utilise *craindre que* et *avoir peur que* avant un autre verbe il faut ajouter le mot *ne* avant le subjonctif.

C. Le pronom indéfini *chacun*

Jacqueline de Romilly dit « Chacun sait que... », ce qui veut dire *Each one* ou *Everyone knows that...* Connaissez-vous d'autres expressions qui utilisent *chacun*, comme *chacun à son tour* et *tout un chacun* ? Cherchez-en d'autres dans votre dictionnaire.

D. L'infinitif des verbes pronominaux

Jacqueline de Romilly dit :
Les cartes ne sauraient plus se conformer... C'est-à-dire qu'elle emploie le verbe *se conformer* à l'infinitif. Combien d'infinitifs a un verbe ? Normalement on dirait un, bien sûr, comme *aller*, *parler*, *chanter*, etc. Mais quand il s'agit d'un verbe pronominal on trouve qu'il y en a cinq ! Comment ? Parce que le pronom qui accompagne toujours le verbe change selon le sens. Regardez :
Je dois me lever.
Tu dois te lever.
Il doit se lever. (*et* Ils doivent se lever.)
Nous devons nous lever.
Vous devez vous lever.
N'oubliez donc jamais que l'infinitif du verbe *se lever* n'est pas toujours *se lever* !

Etudes idéologiques – 3

Expliquez aussi clairement et aussi brièvement que possible le message que Jacqueline de Romilly veut transmettre aux parents d'élèves.
Il est évident que Jacqueline de Romilly a un penchant pour les lettres. Quelle réponse lui ferait quelqu'un qui avait un penchant égal pour les mathématiques ou pour les sciences ? Et que dirait un administrateur qui allait avoir la responsabilité de dresser l'emploi du temps du lycée ? Et les élèves eux-mêmes ?
Qu'est-ce qu'on pourrait faire pour satisfaire tous les quatre ?

Curiosités

Quel est le genre du mot *gens* ? Question difficile... et réponse compliquée !

Le mot *gens* est le pluriel de *gent*, qu'on emploie très rarement et qui est du genre féminin. Mais depuis le moyen âge, à cause de son sens (hommes en général), on a souvent considéré *gens* comme étant un pluriel masculin. Il y a cependant quelques curiosités quand il s'agit d'employer un adjectif avec *gens*. Regardez :

Tous les gens...

Certaines gens...

Les gens importants...

Toutes ces gens sont heureux...

Qu'est-ce qu'ils diraient, toutes ces bonnes gens ?

Quelles gens avez-vous rencontrés ?

C'est à dire que, pour une raison inconnue de tous, tout en considérant le mot *gens* comme un nom masculin, on met tous les adjectifs qui le précèdent au féminin. Les adjectifs qui le suivent, cependant, ainsi que tout pronom ou tout participe, restent au masculin.

Il n'est pas impossible qu'un jour l'Académie française acceptent que *gens* est féminin et qu'ils décrètent que tous les adjectifs, participes et pronoms qui se rapportent à ce nom se mettent au féminin. En attendant, il faut suivre la règle – ou, si vous préférez, employer *hommes* ou *personnes* à sa place !

Traduisez en anglais

Relisez la section de l'extrait de *Lettre aux parents* que nous avons marquée par des étoiles (*), puis traduisez-la en anglais.

Ecoutez et écrivez

Ecoutez sur la cassette une partie de l'interview de Marguerite Gentzbittel où Daphne lui a demandé de parler des satisfactions que lui apporte son travail. Ecoutez sa réponse, puis écrivez-la en français. Pensez-vous que Marguerite Gentzbittel connaît bien la psychologie des jeunes gens et des adultes qui s'en occupent ? Qu'est-ce qui vous fait penser ainsi ?

Résumé

Lisez bien ce passage, puis résumez-le en français.

Le Lycée Fénelon a été créé en 1883, le premier lycée de filles de l'enseignement public à avoir été créé à Paris. Jusqu'en 1883 il y avait quelques lycées de filles en province mais aucun établissement à Paris.

Le lycée a été conçu pour 400 à 500 jeunes filles de bonne famille du siècle dernier, pour qui l'éducation physique était une simple étude de danse, de petits mouvements de danse rythmique, le lycée n'avait donc besoin que d'une toute petite cour pour enseigner l'éducation physique. On ne faisait pas d'autres sports. Maintenant qu'il y a des garçons très grands qui se présentent à des concours comme Polytechnique ou les Grandes Ecoles Sportives où il y a des épreuves très difficiles, très ambitieuses, la cour ne suffit plus et il a fallu équiper le lycée d'une façon adéquate. C'est pourquoi on vient de construire un grand gymnase de deux cents mètres carrés, et c'est de cette façon que le lycée se tourne vers l'avenir tout en essayant de garder son âme et de conserver le patrimoine.

Exercices détaillés

Voici quelques petites phrases à traduire en français.

1. The teacher told us to get up at once. 2. Now, this is something you have already learned. 3. He slowly walked down the street. 4. A friend of mine told me. 5. My book is longer than yours. 6. You read your book, and let her read hers. 7. I am afraid he will read her letter before he receives mine. 8. He gave each of us a sweet. 9. This is my umbrella! – Really? I thought it was mine! 10. He told me to hurry up.

Traduisez en français

Marguerite Gentzbittel believes that ping-pong and meetings to discuss the progress of individual students *(= un conseil de classe)* are two ingredients that are symbolic of the development of the Lycée Fénelon and of the way in which it has adapted to the new generation of pupils and modern ideas concerning their freedom outside school hours.

Formerly the Lycée Fénelon existed only for schoolwork, recreational activities like sports or clubs being completely banished from the school. It was considered revolutionary when Madame Gentzbittel had a ping-pong table installed ; nowadays the pupils both live and work in the school, and enjoy activities like table tennis and the film club.

Formerly pupils did not attend the *conseils de classe*. Now they take part in them once a term and can agree with what is said or raise objections to it. Everyone has to be honest and ready to accept criticism, so the confrontation is not always easy, but it is much appreciated by the students.

Le mot juste

Voici une série de phrases que nous avons traduites en anglais. Dans chaque traduction il y a un mot qui n'est pas tout à fait celui qu'il faudrait. Cherchez donc dans tous les cas le mot juste. Faites bien attention — quelquefois la traduction est incorrecte, mais quelquefois c'est simplement qu'on aurait pu trouver une traduction plus élégante.

1   **J'ai toujours mes vieux habits de travail.**
        I still have my old working habits.
2   **A Paris ma correspondance pour Lyon est arrivée en retard et j'ai dû attendre longtemps.**
        In Paris my mail for Lyon arrived late and I had to wait a long time.
3   **Sa femme est infirmière mais lui, il est scientifique et il travaille au laboratoire.**
        His wife is a nurse, but he is scientific and works in the laboratory.
4   **Il n'a pas réussi à monter une affaire avec son collègue.**
        He didn't succeed in having an affair with his colleague.
5   **Ma belle-sœur a gagné le concours de beauté.**
        My lovely sister won the beauty competition.

Et maintenant faites la même chose pour ces phrases que nous avons mal traduites en français :

1   **The construction materials are rubber and steel.**
        Les matières de construction sont le caoutchouc et l'acier.
2   **Fossils were found in the cave.**
        On a trouvé des fossiles dans la cave.
3   **Our new neighbour will soon be moving in to the house next door.**
        Notre nouveau voisin va bientôt déménager dans la maison d'à côté.
4   **I have just hung out the washing on the line.**
        Je viens de suspendre le linge sur la corde.
5   **Put on the lamp to light up the room.**
        Allume la lampe pour allumer la pièce.

Trouvez mieux !

Voici une série de phrases qui ne sont pas du tout incorrectes, mais qui sont bien susceptibles d'être améliorées. Trouvez donc une meilleure façon d'exprimer la même pensée; dans chaque cas il s'agit d'éviter le verbe *avoir*.

1   Le lycée a plus de mille élèves.
2   Le proviseur d'un lycée a de lourdes responsabilités.
3   Les conseils de classe ont un rôle important dans la vie du lycée.
4   Souhaitons que les idées de Marguerite Gentzbittel aient une influence plus importante.
5   Le Lycée Fénelon a une très bonne réputation.

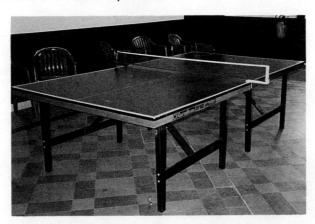

La fameuse table de ping-pong au Lycée Fénelon

Thèmes de discussion ou de dissertation

A. Travaillez avec un partenaire pour établir un dialogue sur la question des changements qui se font dans le programme scolaire et dans les méthodes pédagogiques employées chez vous. Que pensez-vous de ces changements ?
Après, vous rédigerez chacun une version de ce que vous avez discuté. Enfin vous pourrez comparer et, s'il y a lieu, corriger les deux versions ensemble.

Voici quelques questions pour vous aider :
Pourquoi le gouvernement britannique a-t-il établi un programme scolaire national ?
Quel choix de matières avez-vous eu pour vos études avancées ? Est-ce que vous avez été satisfait(e) de ce choix ?
Pensez-vous qu'on attache une trop grande importance à certaines matières ? Lesquelles ?
Quelles méthodes pédagogiques vos professeurs ont-ils utilisées ? Quel profit avez-vous tiré des sorties scolaires, de l'aide des ordinateurs, des discussions en classe, etc. ?
Y a-t-il d'autres méthodes que vous auriez préférées ? Lesquelles, et pourquoi ?
Avez-vous eu assez de livres et de documents ?

B. Travaillez avec un partenaire pour établir un dialogue sur le rôle de l'éducation physique dans le programme scolaire. Après, vous rédigerez chacun une version de ce que vous avez discuté. Enfin vous pourrez comparer et, s'il y a lieu, corriger les deux versions ensemble.

Voici quelques questions pour vous aider :
Que pensez-vous de la valeur des sports d'équipe ? Est-ce qu'on leur donne suffisamment de place dans le programme scolaire ?
Est-ce vrai que les sports d'équipe aident le développement de toutes sortes de qualités comme la résistance, la résolution et le courage chez les élèves ?
Quels sont les avantages et les inconvénients des sports individuels comme le squash ou le golf, par exemple ?

La cour du Lycée Fénelon

Voici la cour qui, dans le passé, servait de gymnase aux élèves du Lycée Fénelon.
Bien sûr, elle ne sert plus de gymnase : c'est plutôt un corridor extérieur par où il faut passer pour atteindre les divers escaliers qui conduisent aux salles de classe, aux laboratoires et aux bureaux. La porte que vous voyez dans la photo conduit à la fois à la salle de ping-pong et au bureau de Madame le Proviseur !

Le Lycée Fénelon se trouve en plein quartier latin. Cela ne signifie pas que les gens qui y habitent parlent latin, bien que ce fût peut-être le cas il y a quelques siècles, parce que c'est le quartier où se trouve aussi la Sorbonne, la plus ancienne des universités de Paris. C'est pour ça qu'on y trouve beaucoup de jeunes, et c'est pour la même raison qu'on y trouve aussi les plus importantes librairies de la capitale.

Une grande librairie tout près du Lycée Fénelon

DOSSIER 9

Franz-Olivier Giesbert

animer – to lead, to stimulate
cumulé – overloaded
directeur de la rédaction (m)
    – editor
être au courant – to be up to
    date
faire état (de) – to express
rendre compte (de) – to give
    an account of
se mêler – to mix
se noyer – to drown

Franz-Olivier Giesbert exerce deux métiers, celui de journaliste et celui d'écrivain. En tant que journaliste il travaille depuis 1988 comme directeur de la rédaction au quotidien national *Le Figaro* et, en tant qu'écrivain il a écrit des biographies de deux grands hommmes politiques, François Mitterrand et Jacques Chirac, un roman, *L'Affreux*, qui a gagné le Grand Prix du Roman de l'Académie française en 1992 et aussi un essai *La Fin d'une époque* en 1993. Homme dynamique quoique d'un naturel posé et calme, Franz-Olivier Giesbert aime tout ce qu'il fait.

Le jour où nous sommes allés lui parler aux bureaux du *Figaro*, Monsieur Giesbert était fort occupé à préparer le *Figaro* du lendemain. C'est sans doute parce qu'il était si pressé qu'il a parlé assez vite et nous avons donc transcrit les deux parties de l'interview que vous allez étudier. Ecoutez maintenant la cassette pour entendre ce qu'il nous a dit. Nous recommandons que vous écoutiez au moins trois fois avant de répondre aux questions qui suivent. Daphne lui a demandé s'il écrivait des éditoriaux à la façon anglaise. Voici sa réponse :

« C'est à dire ? »
Des éditoriaux, ce sont des articles où on fait le point sur telle ou telle chose.
« Bien sûr, tout à fait, oui, oui, bien sûr. Ce qu'on essaie de faire c'est de bien faire la différence entre les articles et les éditoriaux, justement il faut bien toujours essayer de faire la différence dans le journal entre ce qu'on appelle les faits d'un côté et les opinions de l'autre. C'est que les articles, ils doivent rendre compte des faits et il y a des articles qui peuvent faire état d'opinion – mais ils ne doivent pas être dans les mêmes parties du journal et ils doivent être bien séparés les uns des autres. »
J'avais l'impression que ça se mêlait un peu plus à l'heure actuelle...
« Non, fort au contraire, on essaie de faire en sorte que ça ne se mêle pas parce que ce n'est pas ça, c'est à la page deux, par exemple, qu'il y a beaucoup d'opinions et les opinions essaient de... toujours c'est toujours un exercice mais qui n'est pas toujours facile mais on essaie surtout de l'imiter dans le reste du journal. »

Le siège social du *Figaro*

Mais le directeur de rédaction d'un journal anglais écrit toujours son éditorial qui paraît à la même page tous les jours du journal. Vous ne faites pas ça ?

« Non, non. »

Alors où est-ce que vous mettez ça ?

« Je fais un éditorial moi-même… j'écris un éditorial de temps en temps quand le sujet m'intéresse, quand j'ai envie d'écrire quelque chose, mais je ne suis pas obligé d'écrire un éditorial tous les jours, mais j'écris souvent dans le *Figaro*. »

Alors qu'est-ce que vous faites tous les jours ?

« Mais je ne sais pas si vous le voyez, c'est… diriger un journal, ça veut dire être au courant de tout ce qui se passe, lancer des idées, lancer des enquêtes, aussi d'avoir de l'imagination, animer, voilà, c'est ça que je crois que la direction de la rédaction, c'est surtout animer un journal, ça ne consiste pas seulement à écrire… j'aime beaucoup écrire, j'écris beaucoup d'ailleurs, mais en même temps j'essaie aussi d'animer. Je crois que c'est la chose la plus importante qui soit quand on dirige une rédaction. Je crois que c'est moins important d'écrire, je pense qu'il y a… si un directeur de la rédaction écrit beaucoup et anime peu je pense qu'il fait mal son travail, je pense qu'il le fait mieux s'il anime beaucoup et qu'il écrit peu. »

Vous trouvez votre travail passionnant ?

« Bien sûr, tout à fait, oui, mais un peu stressant parfois et c'est un travail un peu de chef de gare où on a tendance à être un petit peu cumulé, où on a tendance à être un petit peu submergé par les problèmes, les difficultés et il faut tout faire pour ne jamais rester, ne jamais se noyer, quoi. »

Un kiosque à journaux à Paris

1 What division is strictly adhered to in the articles written for the *Figaro*?
2 In what way does Monsieur Giesbert's work as editor differ from that of many English editors?
3 What does Franz-Olivier Giesbert consider the most important aspect of his role as editor?

1 Quand est-ce que Monsieur Giesbert écrit lui-même des articles pour le *Figaro* ?
2 Selon Monsieur Giesbert, qu'est-ce qu'un bon directeur de la rédaction doit faire pour bien animer son journal ?
3 Quelle est l'attitude de Monsieur Giesbert envers son travail ?

Etudes linguistiques – 1

A. Vous êtes d'accord ou vous n'êtes pas d'accord ?
Quand il a été d'accord avec ce que nous lui avons dit
Franz-Olivier Giesbert a dit « Oui, oui. Tout à fait. Bien sûr. »
Il aurait pu dire aussi :
« C'est ça, certainement, en effet, vous avez raison. »
Connaissez-vous d'autres façons de dire oui ?
Quand il n'a pas été d'accord Franz-Olivier Giesbert a dit :« Non,
non, fort au contraire. »
Il aurait pu dire également :
« Mais non, ce n'est pas ça, pas du tout, vous avez tort. »
Connaissez-vous d'autres façons de dire non ?
Connaissez-vous le jeu où, pendant une minute, quelqu'un vous
pose des questions auxquelles il est défendu de répondre oui ou
non ? Essayez-le avec un partenaire.

B. Traduisez les phrases suivantes en anglais pour constater
quelle différence on y trouve entre l'usage français et l'usage
anglais :
Ça, c'est être au courant de tout ce qui se passe...
Je crois que la direction, c'est surtout animer un journal...

C. Franz-Olivier Giesbert utilise très souvent le pronom indéfini *on*.
Relisez le texte pour étudier l'usage qu'il en fait.

C'est la chose la plus importante qui soit...

Etudes idéologiques – 1

Pourquoi est-ce que
Franz-Olivier Giesbert a
employé le subjonctif dans
cette phrase ?
Quelles sont les idées
principales de Franz-Olivier
Giesbert sur
• le contenu d'un journal
• le rôle du directeur de la
rédaction ?
Si possible, regardez un
exemplaire du *Figaro* pour
vérifier ce que dit Monsieur
Giesbert au sujet des
articles.
Discutez avec votre professeur
et vos camarades ce que vous
feriez si vous étiez directeur de
la rédaction d'un grand
quotidien ou d'un journal
régional.

Lisez et écoutez

Voici la deuxième partie de l'interview de Franz-Olivier Giesbert que nous avons transcrite pour vous.
Nous vous conseillons cependant de bien écouter la bande au moins deux fois avant de lire la version
écrite. Daphne a demandé à Franz-Olivier Giesbert s'il décourageait dans le *Figaro* la forme de
snobisme qui consiste à employer beaucoup de termes anglais ou américains. Voici sa réponse :

« Oui, je crois qu'il est normal si une langue veut se défendre et la langue française est belle et ne
veut pas se faire transformer dans cette espèce de dialecte sous-américain ou sous-anglais,
sous-britannique. Je pense qu'il est tout à fait nécessaire de la défendre face à tous les anglicismes,
toutes les expressions anglaises qui nous arrivent, sans arrêt. »
Alors vous approuvez le nouveau projet de loi...
« Oui, enfin je pense qu'il ne faut pas aller trop loin quand même dans les bêtises mais il y a toute
une série de mots anglais qu'on doit pouvoir utiliser dans la langue courante, mais je pense que

quand un mot anglais a un synonyme, je pense qu'il est normal d'utiliser le mot français, mais en même temps c'est toujours un peu plus sûr de légiférer sur ce genre de choses, parce qu'il faut toujours laisser la liberté mais je reste profondément libéral, je pense qu'il faut toujours laisser la liberté aux gens. Je pense qu'il faut aussi, disons, faire une espèce de pression culturelle sur les gens pour qu'ils puissent être… parler bien français. »

Oui, mais je pense qu'il est justement dans le domaine de la presse, de la publicité et dans la communication qu'on va interdire l'emploi du franglais, de l'anglais aussi…

« Oui, c'est toujours embêtant, le mot *interdire*, je n'aime pas beaucoup ce mot. Je pense qu'il n'est pas sain d'interdire, je pense qu'il faut essayer de dissuader plutôt que d'interdire, vous voyez. »

J'ai lu quelque chose dans le Times, n'est-ce pas, le grand quotidien anglais, qu'on allait avoir une police française spéciale…

« Non, ça, je ne crois pas, non. Non, du côté des Britanniques il y a toujours une tendance un petit peu à exagérer nos traits de caractère… »

Et le contraire aussi ?

« Non, je dirais moins, je dis… la presse britannique, je la trouve parfois un petit peu… enfin on voit bien, il y a le tunnel sous la Manche, ça crée plus de problèmes de votre côté que du nôtre. Nous l'acceptons volontiers, je ne dirais pas autant des Britanniques… »

créer – to create	
embêtant – annoying	
langue courante (f) – everyday speech	
légiférer – to legislate	
sain – healthy	

1 Why does Franz-Olivier Giesbert believe it is necessary to protect the French language against the invasion of English?

2 On what specific occasions would Franz-Olivier Giesbert prefer to use a French word rather than an English one?

1 Pourquoi est-ce que Franz-Olivier Giesbert préfère ne pas interdire l'emploi des mots anglais ?

2 Quel reproche Franz-Olivier Giesbert fait-il aux Britanniques ?

Le bureau de Franz-Olivier Giesbert

Etudes linguistiques – 2

A. Relisez le texte et puis écrivez le français pour :
a kind of, a synonym, to exaggerate, character, deeply, British, to dissuade.
Vérifiez bien l'orthographe de ces mots – même lorsque le mot ressemble à son équivalent anglais il arrive souvent que l'orthographe est différente.

B. L'adjectif *embêtant* utilisé par Franz-Olivier Giesbert appartient à la même famille de mots que le verbe *embêter*, l'adjectif *bête*, et le nom *bêtise*.
Trouvez d'autres mots qui appartiennent à la même famille que les verbes suivants :
gérer, défendre, interdire, dissuader, exagérer

Etudes idéologiques – 2

Quelles sont les idées de Franz-Olivier Giesbert sur la défense de la langue française ?
Comment est-ce qu'il se montre « profondément libéral » ?
Pourquoi parle-t-il du tunnel sous la Manche ?
Que pensez-vous de son jugement sur les Britanniques ?
Qu'est-ce qu'il y a dans la façon dont il parle qui indique peut-être qu'il exerce un métier stressant ? Regardez bien pour voir s'il y a, par exemple, des hésitations, des changements de structure, des idées qui ne s'enchaînent pas très bien, etc.

Lecture

Voici un extrait de *l'Affreux*, le seul roman qu'ait écrit jusqu'ici Franz-Olivier Giesbert et qui a été couronné par le Grand Prix du Roman de l'Académie française en 1992.

Charlotte décida, un jour, qu'elle était un oiseau. Ça l'a prise d'un coup. J'aurais aimé qu'elle se contentât de chanter. Mais elle entendait voler. A l'aide d'un escabeau, elle réussit à se percher sur le réfrigérateur puis sauta, la tête la première, sur le pavé de la cuisine.

Quand c'est arrivé, j'étais en train de me regarder dans la glace de la salle de bains. Je me précipitai dans la cuisine où je la découvris étalée de tout son long. Elle s'était évanouie.

J'aspergeai son visage d'eau, comme je l'avais vu faire à la télévision, ses lèvres remuèrent et elle finit par entrouvrir ses grands yeux de petite sainte, comme si elle s'éveillait, vaguement éblouie.

"J'ai sauté, dit-elle en me montrant le sommet du réfrigérateur. Je voulais voler.
– Tu ne peux pas.
– Si, je peux. Je veux voler."
* Elle remua ses bras comme des ailes mais ça n'aboutit à rien. Elle émit un bruit étouffé, et une expression pathétique passa sur son visage.

Couverture de *L'Affreux*.
© Livre de Poche

115

Je fis ma grosse voix : "Ne te moque pas de moi, je ne suis pas un con.

– Je veux voler, dit-elle, parce que j'ai peur que les loups me mangent.

– Y a pas de loups.

– J'en connais un. Il vient me voir tous les soirs.

– C'est un cauchemar.

– Non. C'est un loup."

J'ai compris que la cause était perdue quand Charlotte s'est mise à pépier. J'eus honte pour elle, pour moi, pour ma mère.

Quand je l'eus relevée, elle réclama des graines. Elle ne blaguait pas. Comme je tardais à lui en donner, elle se roula par terre en agitant ses coudes. Je finis par lui trouver du riz. *

Elle picora les grains un à un et les avala en frissonnant de plaisir. "Le riz n'est pas cuit, dis-je. Tu vas te rendre malade.

– Non, parce que je suis un oiseau. En plus, c'est vrai.

– Tu me les casses, avec tes bêtises.

– Ouf que je suis un oiseau. Quand j'aurai bien mangé, je m'envolerai. Très haut."

Je sais que ce dialogue est affligeant et je m'en excuse. Mais telle était bien la réalité que j'avais à affronter, soudain du haut de mes huit ans : ma sœur était devenue complètement folle. Je tentai une ruse.

"Fais attention, dis-je. Tu ferais mieux de ne pas bouger d'ici. Y a chat dans la maison."

Charlotte roula de grands yeux horrifiés : "Un chat ? Un chat ?

– Ouais. Un gros matou.

– Méchant ?

– Très méchant. Avec les oreilles trouées tellement il est bagarreur."

Ce fut mon erreur. Je ne suis pas sûr qu'elle m'ait vraiment cru. Mais elle était bien contente d'avoir trouvé ce prétexte. Charlotte sauta tout de suite sur le rebord de la fenêtre de la cuisine, où elle se jucha en déployant ses bras, comme des ailes.

Franz-Olivier Giesbert, *L'Affreux*.
© Editions Bernard Grasset.

---

asperger – to sprinkle
bagarreur (m) – fighter
cauchemar (m) – nightmare
escabeau (m) – stool
matou (m) – tomcat
pépier – to chirp
picorer – to peck
se jucher – to perch

1 What happened when Charlotte first tried to fly?
2 What did her brother do to help her and why did he choose this way of helping her?
3 What made her brother feel ashamed?
4 How did Charlotte show her displeasure when she wasn't given any birdseed?
5 What mistake did her brother make?

1 Que faisait le frère de Charlotte quand elle est tombée sur le pavé de la cuisine ?
2 Pourquoi pensait-il que sa sœur allait être malade ?
3 Pourquoi n'a-t-il pas essayé de raisonner avec elle ?
4 Pourquoi Charlotte a-t-elle fait semblant d'avoir peur ?
5 Qu'est-ce que Charlotte a fait immédiatement après être arrivée sur le rebord de la fenêtre ?

Etudes linguistiques – 3

A. Cherchez dans l'extrait de *L'Affreux* les expressions qui équivalent à ces locutions anglaises :

all at once

with the help of

head first

stretched out

to roll around on the floor

B. Maintenant cherchez les expressions suivantes dans le texte et traduisez-les en anglais :

elle entendait voler

un bruit étouffé

tu me les casses

du haut de mes huit ans

Charlotte roula de grands yeux horrifiés

C. Le passé simple

Le passé simple a presque totalement disparu de la langue parlée mais on le trouve souvent dans la langue écrite, même dans les comptes rendus de matchs de football. On s'en sert pour exprimer un fait complètement achevé à un moment déterminé du passé. Contrairement au passé composé, il n'exprime aucun contact du fait passé avec le présent ; contrairement à l'imparfait, le passé simple saisit le fait dans la totalité de sa durée, qui peut être brève ou longue (Exemple : le règne de Victoria dura 64 ans).

Cherchez dans le texte tous les exemples de verbes employés au passé simple
- de la première conjugaison (décider, sauter, etc.)
- de la deuxième conjugaison (finir, aboutir, etc.)
- irréguliers (dire, faire, etc.)

Quelles sont les autres formes du passé simple que l'on ne trouve pas dans ce texte ?
Connaissez-vous le passé simple de tous ces verbes :
aller, sortir, courir, mourir, tenir, venir, écrire, lire, boire, croire, suivre, prendre, craindre, connaître, conduire, vivre, falloir, recevoir, savoir, devoir, pouvoir, s'asseoir ?
Récrivez l'extrait de *L'Affreux* en remplaçant le passé simple par le passé composé.

D. L'imparfait du subjonctif

Etudiez cette phrase que l'on trouve dans l'extrait de *L'Affreux* :
J'aurais aimé qu'elle se contentât de chanter.
On y trouve l'imparfait du subjonctif du verbe *se contenter*. Comme le passé simple, l'imparfait du subjonctif ne s'emploie plus dans la langue parlée et, même dans la langue écrite, il est souvent remplacé par le présent du subjonctif. Vous aurez donc très rarement besoin de l'employer vous-même, mais vous devriez savoir le reconnaître ; si vous ne connaissez pas toutes les formes de l'imparfait du subjonctif vous feriez bien de les chercher dans un livre de grammaire.

E. Quand son frère lui dit « Y a pas de loups » Charlotte répond « J'en connais un ».
Comment répondriez-vous à ces questions :
Combien de frères avez-vous ?
Combien de magazines achetez-vous chaque semaine ?
Si vous avez bien répondu vous aurez certainement utilisé le pronom *en* dans votre réponse.

Etudes idéologiques – 3

Dans cet extrait un petit garçon de huit ans décrit les actions de sa sœur ; il est évident qu'il pense qu'elle est devenue folle. Il est également évident qu'il a peur. Il dit qu'elle est folle, mais il ne dit pas qu'il a peur – il a l'air de ne nous raconter que des faits. Comment recevons-nous donc cette impression ? Regardez bien encore le texte pour voir ce que fait l'auteur pour implanter ces idées dans notre tête. Est-ce par le seul choix de certains mots, par exemple ?

Traduisez en anglais

Relisez la section de l'extrait de *L'Affreux* que nous avons marquée par des étoiles (*), puis traduisez-la en anglais.

Ecoutez et écrivez

Ecoutez sur la cassette une partie de l'interview de Franz-Olivier Giesbert où Daphne lui a demandé d'expliquer pourquoi il y a de plus en plus de fautes d'orthographe dans les journaux. Ecoutez sa réponse, puis écrivez-la en français. Que veut dire Franz-Olivier Giesbert quand il affirme que la télévision joue un rôle de déculturation ou d'inculturation ? Pensez-vous qu'il ait raison ? Pourquoi (pas) ?

Curiosités

Pour Franz-Olivier Giesbert, ainsi que pour beaucoup de Français, l'orthographe est importante : un samedi soir, par exemple, plus de dix millions de personnes ont regardé à la télévision la grande finale des Championnats d'orthographe française. Cela ne veut pas dire, cependant, qu'ils trouvent tous l'orthographe facile, bien au contraire, parce qu'il existe tellement de pièges. En voici quelques-uns :

Deux consonnes ou une seule ?
On écrit *accord*, mais *académie* ; *oculiste*, mais *occultiste*.
On écrit *chariot*, mais *charrette*.
On écrit *bonhomme*, mais *bonhomie*.
On écrit *national*, mais *traditionnel*.
Avec un accent ou non ?
On écrit *grâce*, mais *gracieux*.
On écrit *sûr*, mais *assurance*.
On écrit *symptôme*, mais *symptomatique*.
Quel accent ?
On écrit *bibliothèque*, mais *bibliothécaire*.
On écrit *célèbre*, mais *célébrité*.
Si tout cela est difficile pour un Français, c'est encore plus difficile pour un Anglais parce que l'usage est souvent différent dans les deux langues :
En anglais on écrit *apartment* ; en français on écrit *appartement*.
En anglais on écrit *address* ; en français on écrit *adresse*.
En anglais on écrit *exaggerate* ; en français on écrit *exagérer*.
La seule chose à faire est de faire comme les Français en reconnaissant que même les tout petits détails sont importants et en apprenant par cœur toutes les orthographes difficiles !

Exercices détaillés

Voici quelques petites phrases à traduire en français. Dans chaque cas il faut faire deux traductions, la première en vous servant du passé composé, la seconde en employant le passé simple.
1. He looked at me all of a sudden. 2. She arrived at three o'clock. 3. The three girls went to the cinema together. 4. The film lasted two hours. 5. She spoke to my father this morning. 6. He slept for ten hours. 7. He fetched her from the station. 8. Pierre and Marie sat down side by side. 9. He had to go home at eleven o'clock. 10. When she opened her mouth, he knew she was lying. 11. He did not believe her. 12. She lived in Marseille all her life.

Cantonales : la campagne se réveille (Page 9)

Bienvenue à LA GACILLY
Cité de caractère en Bretagne
30 artisans d'art

LE FIGARO
premier quotidien national français
C XX MARDI 15 MARS 1994 (N° 15 416) - ÉDITION DE 5 HEURES · PRIX : 6,00 FRANCS
ISSN 0182-5852

Bienvenue à LA GACILLY
Musée Yves Rocher
Jardin botanique :
450 plantes médicinales

Réunion du G 7 à Detroit

Emploi : la double exhortation de Clinton

Le président américain souhaite que le Japon augmente sa demande intérieure et que l'Europe baisse ses taux d'intérêt.

Chacun son chômage

À L'INVITATION du président Clinton, les représentants des sept pays les plus riches du monde se réunissent deux jours durant à Detroit pour parler de l'emploi. Il n'y aura pas de communiqué final et il est bien clair que pas un poste de travail ne sera créé après cette conférence. Sera-ce donc un colloque de l'inutile, comme il s'en tient des centaines chaque année ?

Pas nécessairement.

À Detroit, chacun va exposer le problème de son pays et dire les moyens qu'il met en œuvre pour lutter contre le fléau du chômage. Et il apparaîtra très vite que, si le taux de chômage diffère tellement d'un pays à un autre (2,7 % au Japon, mais 12,1 % en Europe), c'est parce que chaque pays a ses lois, ses traditions et ses comportements.

Rappelons quelques clichés qui, en la circonstance, ont valeur d'exemple :

— aux États-Unis, le moindre frémissement de l'activité crée des centaines de milliers d'emplois ;

— au Japon, quand un automobiliste fait le plein d'essence de sa voiture, un employé lave le pare-brise, un autre vide les cendriers, un troisième vérifie la pression des pneus ; et, là-bas, on ne peut pas concevoir qu'un ascenseur puisse fonctionner sans liftier ;

— en Allemagne, on ne consult pratiquement pas le chômage des jeunes parce que la tradition de l'apprentissage est bien ancrée depuis des décennies ;

— en France, à la plus petite réforme, la gauche descend dans la rue et les syndicats crient au blasphème, car bien des toiles sont coulées dans le bronze.

De la confrontation de ces expériences, les experts concluront sans difficulté qu'il existe des corrélations entre le niveau du chômage et le degré de protection sociale, la rigidité de la réglementation du travail, la perméabilité des frontières, la qualité de l'enseignement et la formation, voire la combativité des syndicats. Toutes choses qui sont d'ailleurs connues depuis longtemps.

Mais les expériences sociales prennent toutes fin au lendemain du pays où elles sont nées et elles ne peuvent pas s'exporter. Il n'y aurait que ce problème d'emploi chez nous si les Français (et les immigrés sans emploi) étaient prêts à prendre les petits boulots comme les Japonais ou les Américains, à aller en apprentissage comme les Allemands et à accepter une réduction de leur pouvoir d'achat comme les Britanniques.

Avant la réunion de Detroit, l'OCDE a bien fait de rappeler qu'il fallait éviter les fausses solutions que sont le prestige du travail et le retour au protectionnisme. Il reste, au-delà de tous les plans de relance de l'activité plus ou moins efficaces sur l'emploi, la collectivité internationale pourrait apporter une contribution significative à la lutte contre le chômage.

Mais serait-elle bien inspirée en organisant des règles de concurrence équitables entre tous les pays, en renouant sur la localisation abusives et en fixant des règles du jeu mondiale applicable à tous. Un ensemble de sujets qui ne seront malheureusement pas abordés à Detroit mais qu'ils supportent la fin des égoïsmes et l'abolition des hégémonies. Dommage.

Antoine-Pierre MARIANO

La première conférence des sept pays les plus industrialisés (G 7) sur l'emploi s'est ouverte hier à Detroit. Tous les pays membres du G 7 y sont représentés : Allemagne, États-Unis, France, Grande-Bretagne, Italie, Canada et Japon.

● Jacques Delors, président de la Commission de Bruxelles, a finalement renoncé au voyage pour rester en Belgique négocier l'adhésion de la Norvège à l'Union européenne.

● Bill Clinton, accueillant ses invités, a exhorté une nouvelle fois le Japon à accroître sa demande intérieure. Il a également demandé à l'Europe de baisser ses taux d'intérêt.

● Le président américain a également appelé ses partenaires à trouver le moyen de « mieux réconcilier les responsabilités du gouvernement et du secteur privé », qu'il a qualifié de « moteur de la croissance et de la création d'emplois ».

● Les États-Unis se sont aussi efforcés de « faire tomber les barrières commerciales » pour créer des emplois dans les industries d'exportation a aussi rappelé le président américain. Et Bill Clinton a dénoncé la tentation du protectionnisme.

● L'objectif des ministres du G 7 est d'aboutir à la mise au point d'un plan d'action commun qui serait présenté au sommet des chefs d'État et de gouvernement, en juin, à Naples.

(Le FIG-ÉCO, page IV)

BOSNIE : LES ENFANTS DE LA GUERRE Dans les rues de Mostar, les enfants profitent de la trêve pour jouer à la guerre. Dans cette ville du sud de la Bosnie, le cessez-le-feu entre Croates et Musulmans tient depuis dix jours. Mais, au nord-est, à Bihac, les combats font rage et les forces françaises de la Forpronu sont prêtes en deux feux. (Photo Sipa Metis/AP.)

(L'article de Patrice-Henry DESAUBLIAUX et la dépêche de Philippe GÉLIE, page 4)

BONJOUR. ON NE VOUS AURAIT PAS, PAR HASARD, RAPPORTÉ UNE BELLE OCCASION DE ME TAIRE, QUE J'AI PERDUE DIMANCHE SOIR, QUAI DU POINT DU JOUR, À BOULOGNE ?

OBJETS TROUVÉS

TF1 - 7 SUR 7

ROCARD CRITIQUE LE GOUVERNEMENT

JACQUES FAIZANT

Plus de 20 milliards de dettes

Le sauvetage d'Euro Disney

Les banques et Walt Disney ont trouvé un accord de restructuration financière.

Euro Disney est sauvé. Les banques créancières du parc et Walt Disney, son actionnaire principal, sont tombés d'accord sur sa restructuration financière. Avant d'entrer en vigueur, cet accord doit être entériné par les 60 banques concernées.

● Euro Disney, dont les dettes s'élèvent à 20,6 milliards de francs, va bénéficier d'un ballon d'oxygène d'une douzaine de milliards.

● Les banques ont accepté d'abandonner l'équivalent de 18 mois d'intérêts et de reporter de trois ans les échéances de remboursement de prêts.

(Les articles d'Aliette de BROGLIE et d'Éric LECOURT, Le FIG-ÉCO, pages I et VII)

Bull : Longuet s'explique
(L'interview recueillie par Yann LE GALÈS et Arnaud RODIER, LE FIG-ÉCO, page I)

Angola
Huambo, nouveau QG de l'Unita.
(Page 3)

Michel Noir

Demande de contrôle judiciaire contre le maire de Lyon.
(Page 10)

Picasso
Une éblouissante exposition de sculptures à Londres.
(Page 23)

Présidentielle
Les électeurs ne confirment pas toujours les pronostics des sondages. C'est ainsi que le résultat du duel Pompidou-Poher, en 1969, est resté jusqu'au bout incertain.
(L'article de Christine CLERC, page 8)

Kohl optimiste malgré son échec en Basse-Saxe

En dépit de sa « sévère et douloureuse » défaite, le chancelier allemand reste « convaincu » que sa coalition gagnera les législatives d'octobre.

Secoué par la défaite « sévère et douloureuse » infligée à la CDU en Basse-Saxe, le chancelier Kohl reste « convaincu » que la coalition chrétiens-démocrates-libéraux remportera les législatives nationales, le 16 octobre.

● Conscient que le « marathon » électoral ne fait que commencer, Rudolf Scharping, leader national du SPD, se garde de pavoiser : « Celui qui lève le nez trop haut peut récolter une averse ! »

● Les sondages indiquent en effet une certaine remontée de la CDU depuis le dé-

que 36,4 % des voix, contre 44,3 % aux sociaux-démocrates.

● Le chancelier Kohl, qui est rarement meilleur que dans l'adversité, pourrait profiter de sa présidence européenne à partir de juillet pour renforcer sa position.

(La dépêche de Jean-Paul PICAPER, page 3, et le commentaire de Charles LAMBROSCHINI, page 3)

CAVALIER SEUL
Course

LE sondage est intéressant, mais il va sans dire que la démagogie n'en tiendra aucun compte : sept jeunes sur dix se disent prêts à accepter n'importe quel travail, à n'importe quel prix, tant ils ont conscience d'avoir encore beaucoup à faire et de prendre le départ ; les trois autres ne sont apparemment pas de cet avis et préfèrent, avant tout, critiquer le parcours, raccourcir les étapes, modifier le règlement, discuter encore et discuter sans cesse quand tous les autres sont déjà partis. Ce sont, en somme, deux manières de considérer l'existence : la première est moins réfléchie que la seconde, mais elle permet d'avancer.

André FROSSARD

NOS RUBRIQUES : ■ ART (23) ■ BOURSE (LE FIG-ÉCO, page IX) ■ CARNET DU JOUR (22) ■ COURSES (24) ■ ÉCONOMIE-SOCIAL-FINANCES (LE FIG-ÉCO, page I et page IV à page VII et page XI) ■ GRANDES RECETTES (19) ■ JOURNÉE (24) ■ MÉDECINE (12) ■ MÉDIAS-PUBLICITÉ (42) ■ MÉTÉOROLOGIE (24) ■ MOTS CROISÉS (24) ■ NOTRE VIE (10 et 11) ■ OPINIONS (6) ■ PETITES ANNONCES (13 à 18 et 26 et LE FIG-ÉCO, page X) ■ PROGRAMMES SPECTACLES (26) ■ PROGRAMMES TÉLÉVISION (28 et 29) ■ RADIO-TÉLÉVISION (27) ■ SPECTACLES (24 et 25) ■ VIE AU MASCULIN (20 et 21) ■ VIE INTERNATIONALE (3 à 5) ■ VIE POLITIQUE (6 et 8 et 9) ■ VIE SCIENTIFIQUE (12) ■ VIE SPORTIVE (19) ■ WALL STREET (LE FIG-ÉCO, page VIII).

L'édition du *Figaro* qui se préparait le jour de notre interview avec Franz-Olivier Giesbert

Le mot juste

Voici une série de phrases que nous avons traduites en anglais. Dans chaque traduction il y a un mot qui n'est pas tout à fait celui qu'il faudrait. Cherchez donc dans tous les cas le mot juste. Faites bien attention — quelquefois la traduction est incorrecte, mais quelquefois c'est simplement qu'on aurait pu trouver une traduction plus élégante.

1   **Veux-tu repasser mes vêtements froissés ?**
      Will you pass me my crumpled clothes?
2   **Le fermier laboure ses terres deux fois par an.**
      The farmer works on his land twice a year.
3   **Après cinq ans de travail on l'a licencié.**
      After five years work he was granted a licence.
4   **Les ouvriers ont monté l'appareil avant de le mettre en marche.**
      The workmen climbed up the machine before switching it on.
5   **Le peintre va exposer ses tableaux en musée.**
      The painter is going to expose his pictures in the museum.

Et maintenant faites la même chose pour ces phrases que nous avons mal traduites en français :

1   **We are going to pick the apples next week.**
      Nous allons ramasser les pommes la semaine prochaine.
2   **As there is a thaw, the ice will soon melt.**
      Comme il dégèle, la glace va bientôt fendre.
3   **The children have grown tall since I last saw them.**
      Les enfants ont grossi depuis la dernière fois que je les ai vus.
4   **She is going to marry her boyfriend in June.**
      Elle va marier son petit ami en juin.
5   **I saw her when I was passing by the bakery.**
      Je l'ai vue quand je passais à la boulangerie.

Trouvez mieux !

Voici une série de phrases qui ne sont pas du tout incorrectes, mais qui sont bien susceptibles d'être améliorées. Trouvez donc une meilleure façon d'exprimer la même pensée; dans chaque cas il s'agit d'éviter le verbe *dire*.

1   En trouvant que son porte-monnaie avait disparu elle dit « Au voleur ! ».
2   Je vais vous dire comment ça marche.
3   Il m'a dit l'histoire de sa vie.
4   Si tu me dis ton secret je ne vais rien dire à personne.
5   Dites-moi votre avis.

Connaissez-vous ce verbe ?

Connaissez-vous le verbe prendre ? Bien sûr, vous le connaissez. Mais est-ce que vous connaissez toutes les façons de l'employer ? En voici quelques-unes que vous ne connaissez peut-être pas encore :

Je pris l'assiette sur la table.
Le cambrioleur s'est fait prendre en quittant la maison.
Je me suis laissé prendre par ses fausses promesses.
Tu as pris du ventre !
On va prendre un verre ensemble ?
Le riz a pris au fond de la casserole.
J'ai pris froid en nageant dans l'eau glaciale.
Qu'est-ce qui te prend ?
A tout prendre...
Il faut prendre à gauche.
Je me suis pris d'amitié pour ce garçon.
Je ne sais pas comment m'y prendre.
Je m'en prends aux parents qui ne s'occupent pas de leurs enfants.

Cherchez dans votre dictionnaire pour vérifier exactement ce que signifie chaque usage. Puis cherchez vous-même d'autres façons de l'employer. Vous verrez que *« prendre = to take »* ne dit pas tout !

Traduisez en français

Franz-Olivier Giesbert explained that, although the French buy fewer daily papers than the British, they read far more magazines.

French newspapers are expensive because production costs are high, owing to the social conditions in which they are printed. The high cost does not favour a wide circulation.

Nevertheless Monsieur Giesbert believes that there will always be a need for a quality written press in France, as people want things explained to them. They want a newspaper that is at once forceful, honest, open, serious and entertaining. According to him, they are not interested in the sensational press as they prefer not to go further than the bedroom door, unlike the British and Americans, who are fascinated by what goes on in the private lives of other people.

Résumé

Lisez d'abord ce passage, puis résumez-le en français.

Franz-Olivier Giesbert a dit qu'il a choisi d'écrire les biographies de François Mitterrand et de Jacques Chirac parce qu'ils sont tous les deux des personnages romanesques. Quand on écrit une biographie on essaie de trouver un personnage qui ait des mystères, de la densité et de la richesse. On va toujours chercher le romanesque chez l'homme politique.

François Mitterrand et Jacques Chirac ont beaucoup de différences mais ils se ressemblent par ce côté romanesque. Ce sont des personnages qu'on ne comprend pas tout de suite et que l'on a envie de saisir. C'est pour cela qu'il est intéressant d'écrire de très longs livres sur eux.

En travaillant sur eux, en voyant leurs proches, leurs amis, leurs ennemis, on n'a pas le sentiment de les connaître tout à fait parce qu'ils ne sont pas du tout transparents. Quand on écrit sur un homme politique, on choisit le moins transparent, parce que s'il est transparent, il n'est plus intéressant.

Les bureaux du *Figaro* **le jour de notre visite**

Thèmes de discussion ou de dissertation

A. Travaillez avec un partenaire pour établir un dialogue sur la question du rôle que doit jouer l'opinion dans la presse écrite. Pourquoi la presse française diffère-t-elle de la presse britannique à cet égard ? Quelle méthode préférez-vous et pourquoi ?
Après, vous rédigerez chacun une version de ce que vous avez discuté. Enfin vous pourrez comparer et, s'il y a lieu, corriger les deux versions ensemble.

Voici quelques questions pour vous aider :
Est-ce que vous lisez un journal simplement pour vous informer des faits ou est-ce que vous y cherchez des opinions qui vous aideront à former les vôtres ?
Est-ce qu'on a besoin de s'informer dans la presse écrite quand on peut très bien écouter les informations à la radio ou les apprendre en regardant le bulletin à la télévision ?
Est-ce que les journalistes sont toujours objectifs ?
Acceptez-vous que les Français n'aiment pas les journaux à sensations ou avez-vous vu des journaux en France qui semblent prouver le contraire ?

B. Travaillez avec un partenaire pour établir un dialogue sur la question des biographies. Est-ce que vous croyez, comme Franz-Olivier Giesbert, qu'il faille toujours choisir comme sujet un personnage qui a un côté romanesque ? Qu'est-ce qu'il veut dire par ça ? Si vous alliez écrire une biographie, quel sujet choisiriez-vous ? Après, vous rédigerez chacun une version de ce que vous avez discuté. Enfin vous pourrez comparer et, s'il y a lieu, corriger les deux versions ensemble.

Voici quelques questions pour vous aider :
Quels sont les avantages et les inconvénients de choisir un sujet
• qui est mort ?
• qui est encore vivant ?
• qui est très célèbre ?
Si on ne peut jamais comprendre toute la vérité sur un personnage, est-ce qu'il ne vaut pas mieux ne pas écrire de biographies ?

C. Dans chaque édition du Figaro on lit ces paroles de Beaumarchais :

Sans la liberté de blâmer, il n'est point d'éloge flatteur.

Que veut dire cette phrase, et pourquoi cette idée est-elle si chère aux journalistes ?

DOSSIER 10

Pierre Assouline

Pierre Assouline a trois métiers, celui de journaliste, celui d'écrivain et celui d'animateur à la radio. Journaliste de politique étrangère à *France-Soir*, un quotidien de Paris, pendant dix ans, il a ensuite succédé à Bernard Pivot comme directeur de la rédaction au journal littéraire *Lire*. Depuis huit ans il fait aussi des émission de radio littéraires d'abord à *France-Inter* et puis à *RTL* et au cours des quinze dernières années il a publié une douzaine de livres dont quelques-uns sont des enquêtes et d'autres des biographies de gens connus comme l'industriel Marcel Dassault et le romancier Georges Simenon, créateur du célèbre détective Maigret.

Nous sommes allés voir Pierre Assouline aux bureaux de *Lire* à Paris en mars 1994. Ecoutez maintenant ce qu'il nous a dit. Nous recommandons que vous écoutiez au moins trois fois avant de répondre aux questions qui suivent. Tony lui a demandé qui choisit les articles qui vont paraître et les livres qu'on va étudier dans *Lire*.

chef de file (m) – leader
courant (m) – trend,
découvreur (m) – discoverer
fil directeur (m) – main theme
manuel scolaire (m) – school
    text book
nombril (m) – navel
pigiste (m) – journalist paid
    according to length of
    article
se dégager – to emerge

1 How is it decided what books will be dealt with in the magazine *Lire*?
2 Why is there never any problem finding authors to write in *Lire*?
3 What is the nearest thing approaching a literary movement in France today?
4 What is Pierre Assouline's judgment of Félicien Marceau and Daniel Boulanger?

1 A propos de quoi est-ce que les écrivains français d'aujourd'hui préfèrent écrire ?
2 Comment les écrivains américains diffèrent-ils des écrivains français à l'heure actuelle ?
3 Pourquoi est-ce que les élèves dans les écoles françaises étudient les livres de Pagnol tandis que les étudiants dans les universités ne les étudient pas ?
4 Pourquoi est-ce que Pierre Assouline hésite à citer les noms des auteurs classiques qu'il préfère ?

Etudes linguistiques – 1

A. Comment Pierre Assouline a-t-il exprimé les idées suivantes :
There are two of us
such and such a book
The names don't come straight into my head
He died not long ago
so many things

B. *du, de l', de la, des* et *de*

Pourquoi Pierre Assouline a-t-il parlé de :
chef *du* journal
*de l'*intérêt
de tel ou tel livre
ça leur fait *de la* publicité
on fait lire *des* livres par *des* lecteurs

Pourquoi a-t-il dit :
beaucoup *de* gens
tellement *de* choses
Il n'a pas *de* courants
Il n'y a pas *d'*école
Quelles sont les règles grammaticales qui gouvernent ces usages ?

C. Les adverbes

Pierre Assouline a employé un assez grand nombre d'adverbes qui se terminent en -ment : *régulièrement, évidemment, récemment, vraiment, spontanément* et *forcément*.
Regardez encore les *Etudes linguistiques - 1* du Dossier 2. Est-ce que tous ces adverbes suivent les règles grammaticales que vous y aviez établies, ou y a-t-il quelque chose d'autre à y ajouter ?

D. Les adjectifs

Dans cette partie de l'interview Tony a parlé à Pierre Assouline d'un « certain snobisme ». Que veut dire le mot *certain* dans cette phrase et quel est son sens dans la phrase suivante : *S'il tombe du haut de cette falaise ce sera la mort certaine* ?
Il y a d'autres adjectifs dont le sens est déterminé par leur position vis-à-vis du nom qu'ils décrivent. En voici quelques-uns : *dernier, prochain, cher, pauvre, même, ancien, propre, triste*.
Inventez des phrases qui illustrent les deux sens de tous ces adjectifs.

E. Le subjonctif

Voici quelques phrases où Pierre Assouline a employé le subjonctif :
• après le conjonction *sans que* :
Ça veut dire quand même que, sans qu'il y ait d'école ni rien le thème se dégage...
• après le verbe *vouloir que* qui exprime un désir, une volonté :
Il y a des gens qui ne veulent pas qu'on étudie Simenon...
• après *quel que* :
quel que soit l'écrivain...

Etudes idéologiques – 1

Quelles sont les préférences de Pierre Assouline en ce qui concerne
• la littérature moderne ?
• la littérature classique ?

Pierre Assouline dit que la plupart des auteurs français contemporains écrivent au sujet d'eux-mêmes et qu'ils sont très introspectifs. Que pensez-vous de ce genre de littérature ? Qu'est-ce que vous préférez, des livres avec beaucoup d'action ou ceux où il n'y en a pas beaucoup ? Avez-vous lu des romans psychologiques ? Est-il nécessaire qu'un roman ait beaucoup d'actions et d'événements pour qu'il soit passionnant ?

Y a-t-il des écrivains que vous appréciez beaucoup mais chez qui vous trouvez des choses que vous n'aimez pas ? Pourquoi lit-on quelquefois des choses qu'on n'aime pas ?

Lisez-vous de la poésie ?
Si oui, quelle sorte de poésie préférez-vous ? Quel plaisir en tirez-vous ?
Si non, pourquoi pas ?
Croyez-vous qu'il y ait des sujets qui sont plus propres à être exprimés en vers qu'en prose ?

Lisez et écoutez

Ecoutez maintenant un nouvel extrait de l'interview de Pierre Assouline. Cette fois nous l'avons transcrit afin qui vous puissiez étudier plus étroitement la forme de ce qu'il a dit. Nous vous conseillons cependant de bien écouter la bande au moins deux fois avant de lire la version écrite. Tony lui a demandé comment il choisit le sujet de ses biographies, si on lui demandait d'étudier telle ou telle personne. Voici sa réponse :

« Non, c'est toujours moi qui choisis le sujet. Ce n'est jamais une commande. Ça vient de moi, c'est un peu le hasard, comme ça, l'air du temps. Ça s'impose un petit peu progressivement et je décide de faire ce sujet-là, pas un autre, mais ce n'est jamais une commande. »
Et quand vous avez fait la biographie de Simenon... ça n'existait pas déjà, une biographie de Simenon ?
« Il y a beaucoup de livres sur Simenon mais il n'y avait pas la biographie que je voulais faire. Parce qu'il y avait des livres, notamment anglais ou américains, qui étaient des portraits ou des biographies mais pas selon mon goût... c'est qu'il n'y avait pas les sources, il n'y avait pas les archives privées de Simenon et on ne peut pas faire une biographie de Simenon si on n'a pas accès à ses archives privées inédites et comme j'y avais accès j'ai donc pu faire cette biographie qui n'existait pas en fait. »
J'ai vu le livre... C'est un livre énorme...
« Oui, c'est un gros livre. »
Il vous a fallu combien de temps pour faire ça ?
« Trois ans. »

Quelles démarches faut-il prendre pour vous mettre en état d'écrire une telle biographie ?

« C'est-à-dire qu'il y a deux étapes. Il y a l'enquête et il y a l'écriture. L'enquête, c'est ce qu'il y a de plus long, l'écriture, c'est ce qu'il y a de plus bref. Moi j'écris en deux ou trois mois un livre, mais j'enquête pendant deux ans, et pendant deux ans, pendant que j'enquête, je n'écris pas, je prends des notes mais je n'écris pas. C'est à la fin que j'écris tout d'un coup. »

Où est-ce que vous trouvez lous les documents qu'il vous faut ?

« Eh bien où je les trouve... ça dépend des sujets, hein, mais Simenon, par exemple, j'ai trouvé chez Simenon, qui avait ses archives dans sa cave, à l'université de Liège aussi où il y a un fonds Simenon, et puis un peu partout dans le monde où j'ai voyagé pour faire mon enquête, où j'ai trouvé des centres d'archives des universités qui avaient des documents, aux Etats-Unis et en France, en Angleterre, un peu partout... »

Est-ce qu'il faut aimer ou admirer votre sujet ou vaut-il mieux pas ?

« Ah moi, j'ai une façon très particulière, très personnelle de faire des biographies, que ce soit dans l'écriture ou dans la conception, c'est à la fois du journalisme ; ça relève un peu de la littérature, j'emprunte la technique narrative du roman, j'emprunte beaucoup au reportage, j'emprunte aux livres d'histoire, à la démarche des historiens parce qu'il y a la critique des documents et des archives, il y a un peu de tout ça... Moi, j'appelle ça ma démarche, au départ, une fascination critique. Si je n'ai pas une fascination critique je n'ai pas de l'admiration, c'est-à-dire si je suis fasciné par quelqu'un j'en verserai plus, mais je reste tout le temps très critique ou , sinon, ça n'a pas d'intérêt. »

Est-ce que vous trouvez souvent que votre attitude envers votre sujet est très différente à la fin qu'au début ?

« Eh bien oui, parce que au départ je n'en sais rien et donc je découvre mon héros au fur et à mesure de l'enquête et à la fin j'ai une vision différente du héros. En général il est plus touchant, ce n'est pas que je l'aime plus, parce que souvent je trouve des choses sur lui qui ne sont pas très à son honneur mais je le trouve plus touchant et je me rapproche de lui. »

Ça ne vous est jamais arrivé de dire, oh, cet homme, j'en ai marre de lui, je ne veux plus faire ça ?

« Tous. Tous, à mi-chemin parce que c'est fatigant et à un moment j'en avais un peu assez, c'est le cas de tous, j'ai envie d'en finir, quoi. Et à la fin quand j'ai fini, ça me manque donc... »

Vous avez dit que vous trouvez parfois des choses qui ne sont pas à l'honneur de votre sujet. Est-ce qu'il faut toujours dire la vérité ?

« Tout, oh je dis tout. Par principe je mets tout ce que je trouve et tant pis si ça ne plaît pas à la famille ou au héros en question, je pense que c'est la moindre des choses, sinon ça n'a pas de crédibilité. »

Mais quand pouvez-vous être certain que ce que vous lisez quelque part cst la vérité ?

« Je ne dis pas que c'est la vérité, mais ce que je fais, c'est que j'ai plusieurs sources. C'est comme pour une enquête de journaliste. J'ai plusieurs sources et je confronte les différentes sources pour une information. Et quand j'ai plusieurs sources pour confirmer une information, je pense qu'elle est vraie. »

Alors c'est une vue objective que vous présentez ?

« Il n'y a pas d'objectivité, hein ? Dans le meilleur des cas il y a l'honnêteté, je veux parler d'honnêteté intellectuelle mais je ne pense pas qu'il y ait objectivité. Cela dit, j'essaie de me rapprocher le plus possible d'une sorte de vérité historique et aussi de la vérité romanesque parfois, et la vérité purement humaine, mais c'est difficile. »

Mais en décrivant ce que Simenon a fait pendant quelques années, est-ce que vous portez un jugement personnel ?

« Je ne porte pas un jugement dans la mesure où je m'interdis de dire c'est bien et ce n'est pas bien, mais de toute façon, même quand on ne veut pas porter un jugement à la façon d'écrire on est obligé de juger les gens, par la façon d'écrire et de sélectionner les informations, on porte un jugement de toute façon, même si on ne veut pas, mais moi, je ne juge pas dans la mesure où je ne dis pas bravo, ou c'est affreux, il a tort, il a raison, je ne dis jamais ça mais je sais que je juge, oui. »

démarche (f) – procedure
étape (f) – stage
fonds (m) – collection (literary)
inédit – unpublished
puiser – to draw from
relever de – to come from, pertain to

1 How does Pierre Assouline choose the subjects of his biographies?
2 Why did he write about Simenon when there were already some biographies of Simenon in existence?
3 How is the work divided up during the three years it takes Pierre Assouline to write a biography?
4 Where did Pierre Assouline find material on which to base his biography of Simenon?

1 Qu'est-ce qui distingue le style de Pierre Assouline dans ses biographies ?
2 Pourquoi est-ce qu'il ne suffit pas à Pierre Assouline d'aimer son sujet ?
3 Pourquoi Pierre Assouline se rapproche-t-il de ses sujets vers la fin de son travail ?
4 Pourquoi est-ce que Pierre Assouline n'oublie pas le sujet d'une biographie qu'il a fini d'écrire ?

Etudes linguistiques – 2

A. Traduisez en anglais les phrases suivantes employées par Pierre Assouline :

c'est l'air du temps
c'est ce qu'il y a de plus long
j'enquête pendant deux ans
j'ai envie d'en finir

je découvre mon héros au fur et à mesure de l'enquête
à mi-chemin
c'est la moindre des choses

B. C'est moi qui...

Pierre Assouline a dit « C'est moi qui choisis le sujet ». Vous savez que le verbe doit s'accorder avec son sujet ; ici le sujet est *qui*, qui représente *moi*. On doit donc dire « C'est moi qui *choisis* ». On dirait également « C'est nous qui choisissons », etc.

C. Le pronom *y*

Pierre Assouline a parlé des archives privées de Simenon en disant « j'y avais accès ». Comment traduiriez-vous cette phrase en anglais ? Notez que le pronom *y* remplace la préposition *à* suivi d'un nom. D'ailleurs ça ne ne traduit pas toujours par le mot anglais *there*, parce qu'il peut représenter une idée aussi bien qu'un lieu. On dit donc :
Tu vas à Paris ? – Oui, j'y vais.
Vous pensez à vos enfants ? – Oui, j'y pense.
Si *y* remplace *à* suivi d'un nom, quel pronom remplace *de* suivi d'un nom ou d'un verbe ? Inventez plusieurs exemples de l'un et l'autre usage.

127

Etudes idéologiques – 2

Relevez toutes les idées de Pierre Assouline sur la façon dont il écrit une biographie. Est-ce que c'est la meilleure façon de le faire, croyez-vous ?
Qu'est-ce qu'il entend par *fascination critique* ?
Qu'est-ce qu'on entend par *objectivité* ? Pourquoi Pierre Assouline dit-il que l'objectivité n'existe pas ?
Pierre Assouline parle d'*honnêteté intellectuelle*. Selon vous, qu'est-ce qui serait plus difficile, écrire une biographie honnête ou une autobiographie honnête ?

Lecture

Voici un extrait d'un article écrit par Pierre Assouline pour le magazine *Lire* de mars 1994, où il parle de l'intérêt porté par les Français à l'orthographe. Il commence cependant par parler d'un procès criminel qui venait de se passer dans lequel on avait parlé de l'ancien directeur de la rédaction de *Lire*, Bernard Pivot qui, pour la majorité des Français, incarne le respect total de l'orthographe française. Lisez l'article avec soin puis répondez aux questions qui suivent.

Crime et orthographe

« Nous sommes certes au pays de Bernard Pivot, nous sommes aussi au pays de Descartes et il nous est permis de douter, mais il nous faut raison garder : nous ne sommes pas au pays d'Agatha Christie... » Est-ce pour détendre l'atmosphère du procès que l'avocat général B. Farret a lâché sa petite phrase ? En tout cas, s'il se trouvait des lecteurs de *Lire* parmi les jurés, ils auront été certainement sensibles à son argument. Il faut dire que la dimension « littéraire » de l'affaire a passionné les Français.

L'histoire, en deux mots. Il y a trois ans, les gendarmes retrouvaient dans sa luxueuse propriété de Mougins (Alpes-Maritimes) le corps sans vie de Ghislaine Marchal, 65 ans, veuve de l'inventeur des bougies pour voitures. Un tel crime serait somme toute banal si elle n'avait elle-même désigné en lettres de sang sur la porte de la cave : « Omar m'a tuer ». Accusation claire et nette ou mise en scène destinée à accabler un analphabète, Omar Raddad, 29 ans, le jardinier marocain au service de la veuve Marchal ?

Si l'on était en Angleterre, des amateurs éclairés se réuniraient dans un salon à l'heure du thé pour tenter de discerner les véritables mobiles du crime à la manière de P.D. James, Ruth Rendell et Mary Higgins Clark (que M. l'avocat général nous pardonne, ses références en matière de littérature policière datent un peu). Mais comme nous sommes en France, autrement dit « le pays de Bernard Pivot », [...] nous nous posons des questions de langue. D'autant que l'inscription fautive constituait la seule véritable charge contre un accusé qui n'a eu de cesse de clamer son innocence. Comment peut-on être une cruciverbiste éprouvée et confondre souvent participe passé et infinitif, ainsi que l'a démontré l'examen des papiers personnels de la victime ? Comment peut-on s'acharner pendant des années à noircir des grilles de mots croisés tout en étant familière des fautes d'orthographe, comme l'a confirmé l'entourage de Mme Marchal ? Si elle n'avait pas été à l'article de la mort au moment de dénoncer son meurtrier, cette personne que ses amis disent « très cultivée » aurait-elle plutôt écrit « Omar m'a tuée », comme il se doit ?
* Des graphologues se succédèrent pour confirmer que cette graphie en lettres de sang était bien celle

de la victime. L'avocat de la partie civile assura qu'elle n'était pas femme à écrire sous la torture. Un psychiatre confirma que la faute n'enlevait rien au sens du message. La défense, assimilant les graphologues à des cartomanciennes, affirma que c'était l'écriture d'un homme qui avait imité celle de la victime. On s'interrogea longuement sur le mécanisme d'une hypothétique machination destinée à accabler le jardinier marocain. Dans tous les cas de figure, on en revenait toujours là : ces mots sur la porte, et cette faute d'orthographe. *

Les conseils de l'accusé commirent des maladresses, Me Vergès en risquant un parallèle improbable avec l'affaire Dreyfus, Me Pétillaut en dénonçant « les élucubrations abracadabrantes » des médecins légistes. On ne sait ce qui fut le pire, de l'excès du premier ou du pléonasme du second. Me Leclerc, qui plaidait pour la famille de la victime, l'emporta en une phrase : « Dire qu'elle n'a pas délivré ce message, c'est nier cette femme, c'est nier son ultime effort. » Le jardinier marocain fut condamné à dix-huit ans de réclusion criminelle. Sans charges suffisantes et sans autre preuve que cette fameuse inscription, les jurés d'assises n'étant pas tenus de motiver leur intime conviction. Le doute avait profité à l'accusation. Il ne faudrait pas qu'on retrouve un jour M. Raddad suicidé dans ca cellule, avec ce message écrit sur la porte : « Omar est innosang ».

La France demeure l'un des rares pays, sinon le seul, où l'on est encore capable de s'affronter passionnément pour des histoires d'orthographe et de langue. L'engouement suscité cette année encore par les Dicos d'or en témoigne. En un sens, c'est rassurant. Il y a quelques années, une réformette fut notre bataille d'Hernani. Les partisans de « nénuphar » eurent à croiser le fer avec ceux de « nénufar ». C'était épatant et inoffensif. Mais il nous semble que le « Projet de loi relatif à l'emploi de la langue française, langue de la République », qui sera bientôt défendu par le ministre de la Culture, doive engager un débat d'une autre portée. Gardons-nous d'en faire un problème de personne : to bon or not to bon, là n'est pas la question. Il s'agit en fait d'inciter les Français à user de leur langue dans la vie quotidienne plutôt que de verser dans la facilité des anglicismes à la mode. Avis aux publicitaires, aux journalistes et aux administrations. Pourquoi s'obstiner à dire « challenge » quand « défi » convient on ne peut mieux ? Les exemples ne manquent pas. Il suffit d'écouter la radio et la télévision. Et même, hélas, de parcourir la presse écrite : « Les networks perdent des parts de marché en prime et en night par rapport aux chaînes câblées », expliquait-on tout récemment, à longueur de colonnes, dans un grand quotidien national.

On ne voit pas pourquoi on baisserait les bras tant qu'il existera des équivalents français de bon aloi. Et de grâce, que l'on nous épargne le mauvais procès de nationalisme sournois, le couplet

abracadabrant – preposterous
analphabète (m) – illiterate
avocat général (m) – prosecution counsel
bougie (f) – spark plug
brassage (m) – inter-mixing
cartomancienne (f) – fortune-teller (using cards)
cas de figure (m) – theory
certes – certainly
cruciverbiste (m) – crossword addict
éculé – worn thin
élucubration (f) – fantasies
engouement (m) – enthusiasm
franchouillardise (f) – misplaced (French) nationalism
graphologue (m) – graphologist
lâcher – to come out with
M^e – Maître (lawyer's title)
métissage (m) – cross-breeding
mobile (m) – motive
nénuphar (m) – water lily
nivellement (m) – levelling down
pléonasme(m) – pleonasm (unnecessary repetition)
raison garder – to be reasonable
s'acharner – to try very hard

A noter aussi :
Affaire Dreyfus – cause célèbre d'un militaire juif, le capitaine Dreyfus, accusé d'espionnage
Bataille d'Hernani – débat entre les partisans du théâtre romantique et ceux du théâtre classique qui éclata lors de la représentation du drame *Hernani* de Victor Hugo en 1830

ces méchantes querelles d'ores et déjà éculées.

On sait naturellement ce que notre langue doit à l'échange, au brassage et au métissage qu'elle pratique depuis des siècles avec les autres langues. Son enrichissement passe par des emprunts multiples et variés. La cause est entendue. Mais en l'espèce, il s'agit moins de cela que de son nivellement, et d'une abdication devant la toute-puissance de l'anglo-américain, cheval de Troie d'une culture que l'on préférerait parfois observer à la lunette astronomique.

To bon or not to bon – allusion à Jacques Toubon, ministre de la Culture qui présentait le nouveau projet de loi dont on parle ici, et au célèbre vers de Shakespeare « to be or not to be »
Bernard Pivot – écrivain et animateur bien connu surtout pour son émission littéraire *Apostrophes* à la télévision, ancien chef de la rédaction de *Lire* et créateur des *Championnats d'orthographe française*
Descartes – philosophe français du 17e siècle
Dicos d'or – concours national d'orthographe organisé par *Lire*

Etudes linguistiques – 3

A. Cherchez dans votre dictionnaire pour trouver le sens de ces expressions employées par Pierre Assouline.
somme toute
être à l'article de la mort
croiser le fer
d'une autre portée
on ne peut mieux
de bon aloi
d'ores et déjà
en l'espèce

B. Relisez le texte pour constater comment Pierre Assouline utilise tous les temps des verbes :
• le présent
• le futur
• le conditionnel
• le futur antérieur
• l'imparfait
• le passé composé
• le passé simple
• le plus-que-parfait
Notez aussi l'emploi du participe présent et du subjonctif

C. Etudiez dans le texte la construction des verbes *s'acharner (à)*, *se garder (de)*, *inciter (à)*, *s'obstiner (à)*.
Vérifiez-en l'usage dans votre dictionnaire.

1 Why does Pierre Assouline think that counsel for the prosecution made references to the countries of Pivot, Descartes and Agatha Christie?
2 Why was the jury likely to appreciate these allusions?
3 What was extraordinary about the murder of Ghislaine Marchal?
4 How does Pierre Assouline suggest the English might have reacted to this crime?
5 What aspect of the crime particularly interested the French?
6 Why were the words 'Omar m'a tuer' so important at the gardener's trial?

1 Pourquoi est-il peu probable que Madame Marchal ait fait une faute d'orthographe ?
2 Comment a-t-on essayé de prouver que c'était Madame Marchal qui avait écrit « Omar m'a tuer » ?
3 Comment la défense a-t-elle cherché à prouver que ce n'était pas elle qui l'avait écrit ?
4 Quelle a été la décision des jurés dans ce procès ?
5 Qu'est-ce que le projet de loi relatif à la langue française cherche à empêcher ?
6 Pourquoi Pierre Assouline semble-t-il approuver ce projet de loi ?

Etudes idéologiques – 3

Quelles différences Pierre Assouline relève-t-il dans cet article entre les mentalités française et britannique ? Comment Pierre Assouline défend-il le projet de loi relatif à l'emploi de la langue française ?

Traduisez en anglais

Relisez la section de l'article de *Lire* que nous avons marquée par des étoiles (*), puis traduisez-la en anglais.

Ecoutez et écrivez

Ecoutez sur la cassette une partie de l'interview de Pierre Assouline où Tony lui a demandé de parler des mots anglais dont on se sert en parlant français. Ecoutez sa réponse, puis écrivez-la en français.
Connaissez-vous des mots français qu'on utilise aujourd'hui en anglais et pour lesquels nous avons un équivalent anglais ?

Connaissez-vous ce verbe ?

Connaissez-vous le verbe *venir* ? Bien sûr, vous le connaissez. Mais est-ce que vous connaissez toutes les façons de l'employer ? En voici quelques-unes que vous ne connaissez peut-être pas encore :
D'où vient que... ?
Où veut-il en venir ?
J'en viens au problème du chômage.
Ce n'est pas que j'aime tellement cette idée, mais j'y viens.
Je viens à bout de cette tâche difficile.
L'idée m'est venue que...
J'en suis venu à demander de l'aide à mes amis.
Nous en sommes venus aux mains.
Il venait de commencer un nouveau poste.
S'il venait à arriver...
Cherchez dans votre dictionnaire pour vérifier exactement ce que signifie chaque usage. Puis cherchez vous-même d'autres façons de l'employer. Vous verrez que « *venir = to come* » ne dit pas tout !

Les champions d'orthographe française de 26 pays d'Europe attendent la lecture de la dictée de la finale européenne des Championnats d'orthographe, Vienne 1990

Curiosités

Pierre Assouline a beaucoup parlé de mots et d'expressions anglais qui s'emploient maintenant de plus en plus en France. Bien qu'on essaie maintenant de limiter cette influence considérée nuisible à la langue française, certaines expressions anglaises ne disparaîtront pas parce qu'elles se sont depuis longtemps bien intégrées dans la langue ; d'autres ne disparaîtront pas parce que beaucoup de Français résisteront à tous les efforts pour les supprimer.

Mais lorsque vous rencontrez une expression anglaise, il ne faut pas vous attendre à ce qu'elle garde sa prononciation ou même sa signification anglaise. Considérez ces mots ou expressions :

smoking (m) – ce nom, introduit en français au dix-neuvième siècle, signifie *evening-dress*. Il se prononce plus ou moins à l'anglaise, mais avec un léger accent sur la dernière syllabe et avec des voyelles françaises, bien sûr.

smasher – verbe qui existe en français aussi depuis le dix-neuvième siècle et qu'on emploie en parlant, par exemple, d'un jeu de tennis. Il se conjugue comme tous les verbes en *-er :* on peut donc dire, par exemple *nous smasherons.*

best of (m) – addition assez récente, mais très usitée, pour indiquer une sélection des meilleurs livres, par exemple. Seulement on ne tient pas compte du fait que *of* signifie *de*, et on dit donc : *Voici le best of des livres de l'année.*

footing (m) – Ce n'est qu'une promenade, mais ce mot existe en français, depuis longtemps.

shampooing (m) – Ce mot est français depuis encore plus longtemps. Il signifie non pas l'action de se laver les cheveux, comme le suggère sa forme anglaise, mais la substance qu'on emploie pour se les laver. D'ailleurs ça ne se prononce pas non plus à l'anglaise – on dit plutôt *champ point.*

waters (m pl) – signifie *toilettes*, et se prononce comme *ouah-terre*. Ce mot est français depuis 1816 ! Il existe aussi un nombre énorme d'autres expressions de ce genre. Regardez dans votre dictionnaire pour en trouver d'autres, mais vérifiez toujours bien pour voir ce qu'elles veulent dire et comment les prononcer !

Résumé

Lisez bien ce passage, puis résumez-le en français.

Pierre Assouline a dit que depuis le départ de Bernard Pivot on a fait évoluer le magazine tout en le laissant le *Lire* de l'ancien directeur de la rédaction.

On l'a fait évoluer parce qu'il est aujourd'hui plus journalistique et il est plus vif, mais on a gardé les extraits, les enquêtes et les interviews en y rajoutant des extraits des livres classiques, des grands classiques de la littérature française. On a fait ceci parce que les gens aiment bien relire les classiques qu'ils ont déjà lus.

A la fin du magazine Pierre Assouline a mis dix pages sur la culture, dix pages où on parle des livres à travers des grands événements culturels comme un film, par exemple, ou une pièce de théâtre, ou une exposition de sculptures ou de peintures. On a fait cela parce que cela permet de parler des livres, mais d'une façon différente.

Le mot juste

Voici une série de phrases que nous avons traduites en anglais. Dans chaque traduction il y a un mot qui n'est pas tout à fait celui qu'il faudrait. Cherchez donc dans tous les cas le mot juste. Faites bien attention — quelquefois la traduction est incorrecte, mais quelquefois c'est simplement qu'on aurait pu trouver une traduction plus élégante.

1   **Le président et le premier ministre ont différé leur décision.**
    The president and the prime minister differed in their decision.
2   **Les documents qu'il fallait compulser étaient très nombreux.**
    Very many documents were listed for compulsory reading.
3   **On peut y circuler librement.**
    You can go round without paying.
4   **Je me laisse facilement distraire de mon travail.**
    I find it easy to enjoy my work.
5   **Ils se succédèrent comme président.**
    They were successful as president.

Et maintenant faites la même chose pour ces phrases que nous avons mal traduites en français :

1   **I am interested in accepting his suggestion.**
    J'ai intérêt à accepter sa proposition.
2   **The French criminal investigation department is in Paris.**
    La Sécurité nationale se trouve à Paris.
3   **Her heart broke when her fiancé left her.**
    Son cœur s'est rompu quand son fiancé l'a quittée.
4   **In the centre of a plum there is a stone.**
    Au centre d'une plume il y a un pépin.
5   **When she had finished singing, there was a storm of applause.**
    Quand elle eut fini de chanter il y eut un orage d'applaudissements.

Trouvez mieux !

Voici une série de phrases qui ne sont pas du tout incorrectes, mais qui sont bien susceptibles d'être améliorées. Trouvez donc une meilleure façon d'exprimer la même pensée; dans chaque cas il s'agit de remplacer le verbe *voir*.

1   Je te conseille d'aller voir le médecin.
2   Tu vas m'accompagner quand j'irai voir cette usine ?
3   Je vois que tu es inquiète.
4   En une semaine il espère voir toute la France !
5   Je ne vois pas ce que tu veux dire.

Exercices détaillés

1. He has no money left, and no friends either.
2. I don't like these shirts. – Have you any white ones? 3. He drinks nothing but coffee. 4. We are the people who wrote to you. 5. My mother thinks I am working hard. 6. The house was suddenly quiet. 7. I suddenly realised that I had been mistaken. 8. If you had told me when you were coming, I would have been able to tell my sister to come and see you. 9. If you arrive before me, be sure to wait for me before you go in. 10. If he behaves like that, no one will want to know him.

Traduisez en français

Pierre Assouline said that his ambition was that *Lire* should gain more and more readers, make people read more and more books, and encourage a young generation of readers to leave their electronic games and television sets in order to come and join all the older readers. He believes that television has changed everything, as it is an easy medium, unfortunately, and does not teach reading and writing; neither does it encourage the young to respect books.

On the personal level, Pierre Assouline is now planning to write a biography of Hergé, the creator of the famous cartoon character Tintin.

Thèmes de discussion ou de dissertation

A. Travaillez avec un partenaire pour établir un dialogue sur la question de l'objectivité d'un écrivain, que ce soit un journaliste, un biographe ou un romancier. Parlez des journaux, des biographies et des romans que vous avez lus, l'un et l'autre. Après, vous rédigerez chacun une version de ce que vous avez discuté. Enfin vous pourrez comparer et, s'il y a lieu, corriger les deux versions ensemble.

Voici quelques questions pour vous aider :
Est-ce qu'il est possible de parler avec autorité de ce qu'on n'a pas vécu ?
Est-ce qu'il est possible d'entrer dans la peau d'une autre personne ?
Comment un homme peut-il connaître les sentiments des femmes ou comment une femme peut-elle connaître les sentiments des hommes ?
Est-ce que vous avez lu certains livres où vous sentez la présence ou l'absence de l'auteur plus que dans d'autres livres ?
Est-il plus important d'être objectif dans une biographie ou dans un journal que dans un roman ?

B. Discutez maintenant les auteurs que vous avez lus récemment.

Voici quelques questions pour vous aider :
Pourquoi avez-vous choisi ce livre plutôt qu'un autre ?
Est-ce que l'action du livre est intéressante ? Pourquoi (pas) ?
Est-ce que les personnages sont intéressants ? Pourquoi (pas) ?
Que pensez-vous du style de l'auteur ? Est-ce que le livre est bien écrit ?
Qu'est-ce que vous avez appris dans le livre – des faits, des événements intéressants ou des vérités psychologiques ?
Est-ce que vous avez appris à vous mieux connaître en vous identifiant avec les personnages d'un roman ?
Qu'est-ce qu'on peut faire pendant la lecture d'un livre qu'on n'a pas le temps de faire quand on regarde la télévision ?
Aimez-vous relire ? Pourquoi (pas) ?

... ET POUR FINIR

Anne Ressat

Anne Ressat est une jeune amie française qui nous a beaucoup aidés dans la préparation de *Papillon.* Bourguignonne d'origine, elle habite maintenant à Paris où, comme Pierre Assouline, elle travaille aux bureaux du magazine *Lire.*

Après tout travail on a besoin de se détendre un peu et après avoir enregistré la dernière des interviews que vous avez étudiées nous sommes allés tous les trois nous détendre dans un des cafés les plus chic de Paris, le Café de la Paix, près de l'Opéra, qui a compté parmi ses habitués des gens comme Charles de Gaulle, Winston Churchill, Marilyn Monroe, Georges Clemenceau, Bismarck et Pavarotti.

Là nous avons demandé à Anne de passer brièvement en revue quelques-uns des sujets que nous avions discutés dans les dix autres dossiers, tout d'abord comme mise au point de tout ce qu'on avait fait, mais aussi afin de vous présenter le point de vue de quelqu'un qui n'est pas spécialiste dans les domaines que nous avons traités. Grâce au fond musical vous goûterez aussi un peu l'ambiance de cet établissement élégant.

Ecoutez maintenant ce qu'elle nous a dit. Nous recommandons que vous écoutiez chaque réponse au moins trois fois.

Le Café de la paix

135

A. Quelles sont ses idées sur la cuisine ?

abordable – reasonable
bonne chère (f) – good food
boudin (m) – black pudding
capiteux – heady
gratiné dauphinois (m) –
    potato dish from
    Dauphiné, topped with
    cheese
plat du terroir (m) – regional
    dish

La place de l'Opéra

Samedi

T

11.00 France Culture
Figurations

Dans une foule de mille personnes, c'est un figurant. Dans une foule de cent personnes, c'est une silhouette. S'il dit trois mots, c'est un acteur de complément, s'il en prononce un de plus, il devient comédien. Petit parcours de la figuration (voir article page 151).

14.00 France Musique
Paris-New York

L'Orchestre National est en tournée aux Etats-Unis. C'est l'occasion d'évoquer les liens musicaux entre les deux pays. Une tradition que Nadia Boulanger a longtemps incarnée : Elliott Carter pourra en témoigner.

22.35 France Culture
Konitz l'alto

Hier avec Jimmy Giuffre, aujourd'hui avec Martial Solal ou Michel Petrucciani, Lee Konitz, saxophone alto, aime les doux duos de jazz. Rencontre.

B. Quelles sont ses idées sur la radio ?

chaîne (f) – station

C. Quelles sont ses idées sur les vacances ?

ailleurs – somewhere else
évasion (f) – escape
planifier – to plan
univers (m) – universe, world

D. Quelles sont ses idées sur l'Europe ?

E. Quelles sont ses idées sur l'enseignement ?

pilier (m) – pillar

F. Quelles sont ses idées sur la littérature ?

bouleversement (m) –
    upheaval
jaillissement (m) – springing
    up

parti pris (m) – prejudice, bias

clown (m) – a real comic
ébloui – dazzled
malaxer – to knead, blend
rire à gorge déployée – to
    roar with laughter
se targuer de – to boast about

mixité (f) – presence of both
    sexes

Tony Whelpton avec Anne Ressat

G. Quelles sont ses idées sur les journaux ?

H. Quelles sont ses idées sur l'humour ?

I. Quelles sont ses idées sur le service militaire ?

Acknowledgments

The authors and publishers would like to thank the following:

Pierre Assouline, Yves Aubert, Jean-Pierre Augé, Joëlle Garriaud-Maylam, Marguerite Gentzbittel, Franz-Olivier Giesbert, Françoise Julien, Philippe Morillon, Dominique Paris, Anne Ressat and Michel Roux – for being so generous with both their time and their opinions.

Caroline Williams – for her cartoons on pages 16, 31, 38, 56 and 69.

Geneviève Newman – for her help in proof-reading and checking the text.

Approche, Editions Bernard Grasset, the British Broadcasting Corporation, Editions de Fallois, the European Parliament (London office), *L'Evénement du jeudi*, *Le Figaro*, *Le Monde,* Librairie Plon, *Lire,* Livre de Poche, Messier-Dowty, Reuter, Simone Veil, *Trait d'Union*, VFB, *VSD* and the Waterside Inn – for their kind permission to use copyright material. If we have unwittingly infringed copyright in any picture, article or photograph reproduced in this publication, we tender our sincere apologies, and will be glad of the opportunity, upon being satisfied as to the owner's title, to pay an appropriate fee as if we had been able to obtain prior permission.

The photographs of Joëlle Garriaud-Maylam on pages 61 and 64 were taken by Katie Vandyck.

About the authors

Tony Whelpton and Daphne Jenkins have been writing books together since the late seventies. Among their many publications under the Longman imprint have been *In Your Own Words*, *La Boîte Aux Lettres*, *Role-Play Practice French* (and *Spanish* and *German*), their two-part GCSE course *Visa*, and an Advanced Level course, *Opinions*. In 1992 they founded their own publishing company, TD Publications, and have since produced *La bonne affaire*, *Causeries*, *Métamorphose* and *Papillon*.

Tony Whelpton was formerly Principal Lecturer in French at Nottingham College of Education and at Trent Polytechnic (now Nottingham Trent University).
He was Chief Examiner in French at O Level for Northern Ireland from 1969 to 1972, then for the Associated Examining Board from 1973 until O Level was replaced by GCSE in 1988, when he became Chief Examiner in GCSE French for the Southern Examining Group, a post which he held until 1994. He was also Principal Oral Examiner in A Level French for the AEB from 1975 to 1993. He produced and presented the first ever schools programme on English local radio, a French for primary schools programme called *Ecoutez, les enfants !* first produced by BBC Radio Nottingham in January 1968. In 1990 he represented Great Britain and was runner-up in the European Final of the prestigious *Championnats d'orthographe* (the famous *Dictée de Pivot*), held in Vienna.

Daphne Jenkins formerly taught French at Pate's Grammar School, Cheltenham, but is now a free-lance teacher working in industry, mainly running courses for the Dowty Group in and around Cheltenham.
She was Senior Assistant Examiner in French at O Level for the Associated Examining Board from 1976 to 1988, when she became Reviser in GCSE French for the Southern Examining Group, and Principal Examiner (Writing) for the same Group. She was Senior Oral Examiner in A Level French for the AEB from 1976 to 1992. She is also Senior Moderator for the AEB's A Level (Wessex) examination.
Her experience in teaching French in a business context led the AEB to ask her to design a syllabus for the Business French section of the Certificate of Further Studies examination, for which she has been Chief Examiner since its inception.

Order form

To: TD Publications, 271 Gloucester Road, Cheltenham, Glos., GL51 7AA.

Please supply me with the following:

..... further copies of *Papillon* Student's Book

..... copies of *Papillon* Teacher's Book (price at publication £7.99)

..... copies of *Papillon* cassette set (two cassettes - price at publication £36 plus VAT)

an inspection copy of *La bonne affaire*

an inspection copy of *Causeries*

an inspection copy of *Métamorphose*

(Complete or delete as appropriate)

Name .... Date ....

Address ....
....

Prices are correct as at June 1994 but are subject to alteration without notice.